社会工作研究文库

陪伴与成长

返乡工伤者的发展之路

COMPANION AND GROWTH:
A Way out for Home-returning
Migrant Workers
with Employment Injuries

张灵敏◎编著

序言一

改革开放走过近四十年历程，中国已崛起为全球第二大经济体，对内民生福祉大幅度提高，迈向 2020 年实现全面建成小康社会的宏伟目标；对外贡献于联合国千年发展目标（MDG）的减贫实践，更多地承担起了国际舞台上作为一个举足轻重的大国的责任。中国奋斗的历程及其所取得的巨大成就，离不开庞大的劳动者，他们付出了辛劳与汗水，由农村流动进城的"农民工"是其中的主力军，他们依靠自己的双手撑起家庭生计，也在客观上推动了中国经济的持续发展。

作为一家致力于扶贫与发展的国际民间组织，乐施会在中国大陆深耕近三十年，与各级政府部门、民间组织和学术机构密切合作，通过社区实践、经验总结、政策研究等多种方式，积极回应社会发展过程中出现的贫困问题和挑战。据不完全统计，至 2016 年底，乐施会已在中国大陆累计投入资金逾 12 亿人民币，受益人数超过 1.3 千万，其中以边远贫困山区农民、少数民族、妇女和儿童以及农民工等社会边缘群体为主。

受 2008 年国际金融危机等因素的冲击，中国大地开始出现农民工返乡潮流。而生计发展、乡土社会再融合等都是横亘在返乡农民工面前的一道道坎儿，也是农村发展工作中出现的新问题。为探索流动于城乡之间的不同群体的发展路径，乐施会先后支持了数个行动研究项目并形成了一个系列，因工伤返乡的农民工群体发展道路的探索正是这其中的重要组成部分。

自 2010 年起，乐施会支持贵州遵义地区的返乡工伤者王发明成立惠民文化服务中心（后改名为"惠民互助服务中心"，以下简称"惠民"）。在当地民政部门、热心人士等的共同支持下，惠民一步步走过初期的困顿和迷茫，成长为返乡工伤者自我服务、自我发展并互助合作的民间组织，致力于支持和陪伴更多返乡工伤者走出生活困境，使其走出自己的自信、自立的发展道路。本书借由一个个鲜活的"人"的故事，透过惠民服务对象的酸甜苦辣，记录了这家民间组织五年多的成长轨迹，其间闪烁着惠民与返乡工友之间情感交融的珍贵点滴，向读者呈现了他们这样一群人的生存现状和基层社工的工作状况。

回看惠民一路的成长，其"草根群体内部互助自助"的发展模式切合了国家大力推动的"精准扶贫"政策，做到了因地制宜、因人而异，激发了贫困人群自身的发展动力，以陪伴式支持促成同处困境的贫困弱势群体"共同发展"。近年来，在延续扎实的社区工作之外，乐施会更加重视协助伙伴整理他们工作中的故事、梳理他们积累的经验，希望通过文本呈现，形成社会发展领域的"中国故事"，让这些为中国经济腾飞贡献良多的普通劳动者更多地被全社会看见，也让前行者的经验可以为更多人所参考借鉴。这样的梳理与呈现得益于多方的无私奉献和辛勤工作。本书作者张灵敏博士在为博士论文进行调研时，驻惠民达半年之久，深度地做了参与式调研，了解返乡工伤者的生存状态，本书正是基于她的田野笔记提炼、丰富而成。作者以细腻的笔触向读者们娓娓道来返乡工伤者的生活状况和心理状态，让读到此书的人对于工伤群体的生活遭遇感同身受，也令读者对书中人物坚韧的生命力生出敬意。来自贵州遵义的摄影师志愿者石鸣和王静二位女士，在炎热的夏天一家一户逐个探访惠民的服务对象，为书中人物定格他们生活中的宝贵瞬间，衷心感谢她们关怀弱势人群的志愿服务精神和精湛的专业表达。也借此感谢乐施会农业与扶贫政策团队的刘源、贾丽杰、吴佳文等同事，以及前同事李敏对伙伴惠民一路成长的陪伴和对本书修改、出版付出的辛勤工作。

早在 1990 年，时任福州市委书记的习近平同志就指出："残疾人事业是春天的事业，是一个浩繁的社会系统工程，不可能完全由政府承包下来，需要广泛动员社会各界和各方面力量开展扶残助残活动"。2016 年 8 月，中国政府颁布的《"十三五"加快残疾人小康进程规划纲要》再次明确："坚持增进残疾人福祉和促进残疾人自强自立相结合……提高残疾人自我发展能力，帮助残疾人通过自身努力创造更加幸福的生活。"希望惠民案例的分享，能够激发更多"惠民"的出现，并为社会力量参与贫困治理和社会发展创新提供可参考的样本。我也衷心期待有更多的伙伴、同行者一起前行，继续关注残疾人等弱势群体，推动一个更具包容性社会的建构和发展。

廖洪涛博士

乐施会中国项目总监

2017 年 4 月

序言二

  国际劳工组织 2015 年发布的数据显示，全世界每年因工作相关事故死亡的人数达到230万，受伤人数高达3.13亿，相当于每天死亡人数超过 6000，受伤人数超过 85 万。中国是世界上劳动力最多的国家，工伤事故发生率居高不下，每年获得工伤赔偿的人数就超过了 200 万，还有大量的工伤事故未被统计到。这些工伤事故受害者中多数为农民工，尤其是从事开采、建筑、烟花爆竹等行业的农民工。

  在经历了人生的大起大落后，多数工伤受害者不得不中断务工，回到他们熟悉的农村。然而很多时候，等待他们的是艰难的生活，工伤事故不仅导致这些工伤返乡者的劳动能力和生活技能下降、康复医疗负担加重、经济状况日趋窘迫，而且农村社会对残疾人的歧视性观念使他们融入社区的难度增大，加重了他们的心理负担，许多返乡工伤者长期走不出受伤的阴影，否认、排斥和拒绝残疾人的身份，形成自我封闭和离群索居的生活态度，逐步从社会生活中退出，生活变得无望。

　　如何重构返乡工伤者的自我认同和社会认同？这不仅是返乡工伤者及其亲人面临的难题，也是农村基层政权和社会组织面临的挑战。基层政权在调动各种资源和维护返乡工伤者合法权益方面具有先天性优势，而在返乡工伤者的自我认同和社会认同重构中，社会工作者和社会组织更具有专业优势。这些专业组织和社会工作者将返乡工伤者发动起来，使其成为农村公益组织的种子，他们采取体贴入微的方法，让工伤受害者敞开了尘封已久的心灵大门，带他们走出心理阴影，并成为帮助他人的公益人。本书就是讲述了这样的一个组织和这样的一个群体。他们是工伤者，曾经气馁和消沉过，但是在社会组织的帮助下勇敢地走了出来，重构身份，融入社会关系网络。更难能可贵的是，他们加入公益性组织，克服了常人难以克服的困难，真诚地帮助其他返乡工伤者和他们的家人，也进一步壮大了公益组织队伍。

　　本书语言生动，每个返乡工伤者的发展之路的故事都让人读来感同身受，让人"快乐着他们的快乐，悲伤着他们的悲伤"，值得残疾人工作者阅读。本书对社会工作者为工伤残疾者进行服务的社会工作方法进行了总结和梳理，对农村工伤残疾者自组织发展进行了分析，对传统农村社区背景下公益性组织的发展模式进行了探讨，因而也是一部学术著作，值得理论工作者阅读。

杨立雄

中国人民大学残疾人事业发展研究院副院长、教授

2017 年 3 月 3 日

前　言

　　这是一个关于陪伴与成长的故事。

　　在这个故事里，我们会看到这样一群人，他们出生在郁郁葱葱的贵州大山，靠山吃山，靠水吃水。为了抵挡贫穷的步步紧逼，以及对城市现代化生活的向往，他们丢下手里的锄头，简单收拾几件衣物，向家里的老人孩子、父老乡亲挥挥手，投身于进城务工的宏大潮流中。可是有一天，他们无奈重新回到贫瘠的土地，不但没有带回他们所期望的财富，反而将自己的身体"丢"在了城市。

　　工伤对于每一个进城打工的劳动者来说，无疑是灭顶之灾。身体的残疾使得他们无法继续留在城市谋生，即使回到农村也不能再像以前那样与土地为伴。返乡工伤者面临来自家庭生计、自我认同、社会认同三个方面的危机，他们中的大多数人因无法找到解决之道而陷入自我封闭和自暴自弃当中。

　　在这本书的故事里，我们还可以看到另外一群人，他们既是返乡工伤者，也是服务于当地返乡工伤者的社会工作者，他们有个统一的名字——惠民。在五年的时间里，惠民扎根贵州农村，与返乡工伤者一起建立起属于他们自己的社区网络，自助互助，陪伴他们从工伤的后遗症中走出，帮助他们提高应对工伤困境的能力，共同寻找适合工伤者的生计发展之路，重新构建他们的自我认同与社会认同。对于返乡工伤者而言，惠民就像是夜空中的一颗明星，虽不够耀眼，但足以点亮原本昏暗无光的生活。

我们发现，在现有的工伤/保障政策和社会干预行动中，人们对于工伤的关注较多地集中在城市工厂内发生的工伤赔偿和工伤维权，而工伤者们返乡之后的工伤康复和家庭生计则鲜少涉及。这本书的故事为我们打开了一扇新的窗户，透过它，我们可以看到一幅返乡工伤者生动、苦乐交织的生存画面。故事里有他们的痛苦、绝望与无奈，也有他们与惠民一起的坚持、陪伴与成长。中国的经济建设与社会发展离不开数以亿计的流动于城乡之间的农民兄弟，他们中的一些人身体上的工伤深深地刻上了发展的烙印。正因如此，他们需要发声，惠民与返乡工伤者共同应对工伤困境的努力也值得被社会听见，或许，这就是我们讲述这些故事的意义所在。

目录
CONTENTS

重　生

重生

，象征着希望。惠民的初生，不仅是这片大山里返乡工伤者的希望，也是机构成员王发明与任明秀的新生。

重生，象征着噩梦的终结。每一个重生的"生命"，都意味着它曾经经历了一段万念俱灰的岁月，然而现在我们即将向它告别。

初生必有来处，知道来处，我们才能了解它何以如此。

王发明：一个工伤者的
重生故事

王发明，男，43 岁。2006 年在广东东莞虎门镇一家手袋材料厂卸换模具时左手受伤，大拇指以外的四只手指被切除，被评为工伤六级。在广州的医院住院治疗期间，王发明结识了到医院进行工伤探访的社工，在他们的帮助下完成了工伤赔偿事宜，并且进入了工伤公益服务的领域。2010 年，王发明回到遵义尚嵇镇创建惠民互助服务中心，在香港乐施会的资助下为返乡的工伤工友以及残疾家庭提供公益服务，直到现在。

第一次见王发明，是在 2015 年的春节。他中等身材，短短的头发略有些卷，贵州湿冷的寒冬里他仅穿着一件看起来不太厚的深蓝色棉服。远远地，我看见他右手拿着手机，左手揣在裤兜里，看见我之后，立刻放下手机，笑着朝我跑

图 1　惠民互助服务中心创办人王发明

摄影：石鸣

过来。那一刻，我并不知道，也没有看出他是一位工伤者。

　　我们第一次聊天是在他的家里——惠民文化服务部（"惠民互助服务中心"的旧称，以下简称"惠民"）的旧址，至今他家的门口还挂着那块墨绿色的机构牌匾，如果没记错的话，它应该也经历五年的时光了。王发明告诉我，2010 年他刚创办惠民时，由于资金紧张，他决定将机构办公室设置在自己的家里。他说，"在家里办公，如果有在外打工的工友或受工伤回家的工友路过尚稽，他们也好有一个落脚休息的地方"。他找当地的木匠打了两张高低床，摆在他家的卧室里，为的就是方便那些家住深山的工友们在尚稽有一个自己的"家"。虽然现在惠民的办公室搬了，但是当时的那些陈设仍然留在那里，一点也没有挪动。对于发明来说，无论是那块已有些破旧的惠民牌匾，还是那两张高低床，以及那些张贴在墙上的励志字句，都凝聚着惠民五年来的点点滴滴，以及他自己人生中耐人寻味的起起落落。

广东，一个年轻人寻梦的地方

王发明家里有兄妹二人，他排行老大。初中毕业以后，王发明在家里学习做道场，就是吹吹打打，颂经念咒，帮助归西之人消除升天途中的各种障碍与劫难，往小了说是做法事，往大了说即"渡人"。一年之后，他深感这一职业并非他所长，"人一定要学会一门手艺、技术，才能存活于世"，于是他跟着村里的年轻人一起南下，那年他 24 岁。

20 世纪 90 年代的广东，是一个梦想开花之地，当时流行一首歌——《爱拼才会赢》，讲的就是年轻人追求梦想的故事。人们坚信，只要肯努力、吃苦，就可以摆脱贫穷。于是，他们收拾行囊，告别家中的父母，离开农村，来到城市，进入机器声轰隆的工厂，成为流水线上的驯服、可有可无的一员。王发明也不例外。

王发明第一次进的是东莞一家塑胶厂，负责生产塑料的胶花。干了不到一个月，他跟着主管一起跳槽去了另一家饰品厂，一分工资没有拿到。在新厂里负责绘画的王发明难以适应这一工作，于是再次离厂，进入他后来待了数年的材料厂。当时每月包吃包住，到手的工资有两三百元，王发明感到非常满足，第一个月领到工资，他便往家里寄了 200 元，自己身上仅留下几十元供日常使用。在这间工厂里，王发明学会了做模具，因为良好的工作表现也从普通工人做到了模具师傅。他告诉我："那时候的我有一个梦想，就是好好在工厂里学技术，升职加薪，然后在广东安家。"王发明一步步地接近自己的梦想，他连续跳了几家工厂，升职了，加薪了，2000 年前后的时候他每月的工资到了两三千元，就在那一年，他的妻子生下了他们的第一个女儿。"真的，我觉得我的梦想快要实现了。"

手断了，我的梦想怎么办？

人生就是这么奇怪，它总是在你春风得意的时候给你当头一棒，甚至是致命的一击。2006 年，王发明像往常一样从宿舍到厂里上班，在负责卸换模具时左手被冲压机压断，除大拇指以外，其余四个手指头被切除，被工伤认定部门鉴定为工伤六级。

那时有专门的贴合机，贴合机里面有两个滚筒，滚筒开一点点缝隙，我们就把料放进去，用胶水粘上去，加热。每个生产的物件都有一个模具，要什么样的产品就有对应的模具，把模具也粘在上面，用机子一压，产品就出来了，冷却之后就定型了。我是敲模具的时候，就是把一个模具拿下来，换新模具上去的时候，自己操作不当，发生的事故。

事故发生的那一刹那，王发明用他的右手捏住自己破碎不堪、鲜血淋淋的左手，心里想："手没了，这辈子完了！"躺在医院的病床上，王发明翻来覆去，辗转难眠，他说，每到夜深人静的时候，他看见自己裹满纱布的手，泪总是不听使唤地往下掉。"谁说不伤心，跟了你几十年的东西，一下子没了……"

　　王发明是一个倔强的人，在多次的聊天中他从不愿承认自己受伤时的脆弱，他反复告诉我，伤心、悲痛无济于事。作为家里的顶梁柱，他只能坚强。但是当我们一起去探访一位返乡工伤者时，这位工伤者说起了受伤时打电话给家人的情景，坐在一旁的王发明背过身，眼眶红了。"我深有感触，你拿起电话想告诉家人你手没了，电话通了，但是你一句话也说不出来，眼泪就下来了。"

　　左手受伤之后，王发明在工厂里的工作无法继续了，这意味着他前半生的梦想化为泡影。他无法再熟练地操作机器，不能再制作出精确度极高的模具，做不了模具师傅，他奋斗将近十年的技艺生涯随着机器压向他手掌的那一刻就已经宣告结束。

　　或许，相较于手部的疼痛与残疾来说，现实的失序、对未来的恐惧才是更令王发明害怕的。此刻的他就像一辆高速行驶的汽车，在快要到达目的地的时候，时空倒错，不知自己身在何处，将驶向何方，下一站在哪里。正如社会学家弗兰克所言，疾病对于个人来说，是身体的失控，生活世界的失序。[1]

---

[1] Arthur W. Frank, *The Wounded Storyteller——Body, Illness and Ethics*, Second Edition, Chicago: University of Chicago Press, 2013.

梦想重燃

如果说是工伤的离心力将王发明震离了原先的生活轨道，那么公益社工就是那股将他重新拉回正轨的地心力量。王发明第一次接触这些社工是在医院住院治疗的时候，他们到医院做工伤探访，向王发明介绍了为工伤者提供公益服务机构的情况，并给了他一张宣传活页，上面印了机构的地址和联系电话。出院以后，王发明一直为如何处理工伤事故而头痛，于是他决定去这类机构试试运气。

在社工的指导与帮助下，王发明与工厂老板和平协商了工伤赔偿事宜。因为自己的工伤遭遇，王发明开始关注、研究工伤条例，一切与工伤相关的事情他都对其极有兴趣。就这样，王发明加入了为工伤群体服务的志愿者行列，自愿去各大医院做伤者探访的工作。在探访的过程中，王发明用自己的经历给那些受伤的工友们宣传工伤知识，还帮助一位同是贵州老乡的工伤者成功获得了工伤赔偿。

慢慢地，王发明从一个志愿者成为一位驻东莞的全职社工。在这个群体中，王发明感受到了什么是"尊重""平等"，更是重新找回了因工伤而丢失的自信与勇气。哪怕只是别人的小小的一句问候，一个动作，都让王发明感动不已。他觉得只有受过工伤的人才会懂得伤有多深，有多痛。

　　我们去参加活动，二三十个人在一起吃饭，大家都是工伤者，都还在康复阶段，吃饭都不是很方便。团队负责人小Z有时候跟我们一桌，他就会特地给我们夹菜，也不多说什么，就是这样一个小小的动作，我们的心里就会很感动，就觉得"他懂"。

我和另外两位工友，3个人通过几个月的参与活动和工作以后，有一次我们3个人就站在那么多人的前面，机构负责人也站在前面，他对我们每一个人的工作过程进行介绍，就像表扬一样，意思是我们做的事情值得大家学习、赞赏。我从小到大，从来没有参加过这么多人的一个会议，也没有得到过人家的赞扬，那种感觉真的是从来没有过，就是自信嘛。

重新找回自信的王发明异常兴奋，他仿佛找到了工伤之后迷失的自己，而他原先觉得可能永远也找不回的。重庆自强服务站的小英（致丽火灾幸存者）[①]到广州的交流深深地影响了王发明："小英伤得比我们严重多了，可是小英一点都没有放弃，还回老家创办了自强服务站，为更多的工伤者和残疾人服务，为什么我不可以？"就这样，他新的梦想在公益这块肥沃的土地上播下了种子。

[①] 1993年11月19日，广东省深圳市葵涌镇致丽玩具厂发生大火，死亡84名工人，大多数是年轻的女工，受伤40多人。小英在这次火灾中烧伤面积高达75%，重度烧伤三级，经历将近八年的康复治疗，她奇迹生还并且恢复行动能力。2002年5月，在香港乐施会的支持下，小英在老家重庆忠县建立民间组织"自强服务站"，为当地的工友与残疾人群体提供服务。

惠民，我的信仰

2008 年 5 月，王发明辞去了在广东每月 2000 多元工资的全职工作，回到贵州老家进行返乡工伤者的规模性摸底调查。在这次摸底调查中，他真切地感受到了回到农村老家的工伤者的生存境况，"同命相怜"的共鸣感更加坚定了他返乡创办 NGO 组织、为返乡工伤者服务的决心。

2009～2010 年，惠民还没有正式获得乐施会的项目支持，王发明以个人的名义坚持在老家新民镇周边进行工伤探访工作，收集返乡工伤者的信息，无论乡间小路多么崎岖，乡邻寨友多么不理解，王发明始终不改初衷。"我认准的事情就一定要去做，没有人能够改变我。他们现在不理解很正常，等我做出了成绩，他们自然就会明白。"在缺乏公益意识启蒙的贵州农村，一个手部残疾的工伤者仅靠一双脚，一点微薄的资金支持，就一家家、一村村地走访，听每一个返乡工伤者讲述他们的工伤故事，向他们讲述自己的故事，彼此温暖，彼此疗伤。

2010 年 10 月，在乐施会的支持下，惠民文化服务中心正式挂牌成立，它致力于创建返乡工伤者的自助互助网络，为返乡工伤者提供情感支持、心理支持以及一定的生计支持。在五年里，王发明与他的同伴遭遇过乡邻们的误解、项目中断后的沮丧、意见不一的踌躇，也有过工伤者们真诚致谢的幸福感、社会认同的成就感。"每次去工伤者家里探访，虽然我们没有为他们争取到一分钱、一粒米，但是人的真诚是能够感受到的。他们把我们当朋友，当亲人，甚至有的比对亲人还要亲，就是因为他们在我们这里感受到了尊重、平等和关爱，而这些是返乡工伤者在生活中很难得到的。"返乡工伤者对惠民的信任是王发明坚持下去的最大动力，他在这种关系中重新找到了自己的人生价值。

生命是互赠的，王发明给予了惠民最初的生命，但是惠民给予王发明的更多。王发明常说，惠民就像是他的一个孩子，无论惠民长成什么样，成长的过程多么艰难，他绝不会放弃，即使所有人都离它而去。在五年里，王发明为惠民所付出的心血远远超过他为自己的儿女。他学习用电脑搜索资料，学习操作 Word、PPT，学习写总结报告，学习摄影，甚

图 2 惠民互助服务中心揭牌成立
摄影：惠民互助服务中心

至还要学习一些财务的知识，这些对于初中文化程度，十多年没有接触笔墨、手部有残疾的人来说是多么困难的事情。受工伤之后，王发明在工厂的朋友也帮他介绍了薪酬不错的工作，但是认准的事情他没有放弃，他愿意忍受在农村扎根公益的孤独、只有微薄收入的清贫，因为在惠民，他看到了一个以前从未发现的自己——那么独立，那么自由，那么充满爱。

> 在公益事业的行业里，我找到了一种平等与尊重，这是每一个工伤者、残疾人都无比渴望的，这比金钱、名利都重要。只有在这里，我们的伤口才不会成为被别人拒绝的借口，同样也不会成为获得认可的理由。我们靠的是自己的头脑和努力，在这里，每个人都是平等的。

对于王发明来说，惠民不仅仅是一个机构，是一份工作，更是他的一种精神信仰。他不为名不为利，仅仅希望能够把自己认定的事做好，向所有的工伤者和健全者证明一件事："工伤者，残疾人同样有权利和能力去追求自己的梦想。"

王发明本是返乡工伤者中的一员，他的前半段经历跟大多数返乡工伤者一样，经历了农村生活的贫穷、奔赴城市打工的希望、工伤降临的绝望无助，当时的他如大多数残疾人和健全人所想的一样，认为自己这辈子完了。曾经的全职社会工作公益服务经历给了王发明新生，他发现"工伤者帮助工伤者"这种群体内的互动模式不仅能够使返乡工伤者受益，同时还能赋予助人者独立、自信的力量。

乐施会农业与扶贫政策研究团队的成员从王发明的工伤故事中获得一些启示，他们在思考："王发明作为一个普通的返乡工伤者，他的发展经历是否能够被复制？""同类人帮助同类人"的互助自助模式是否能够在城乡循环流动过程中，为社会资源相对贫乏的返乡工伤者以及进城务工者提供有效的社会支持，在一定程度上促进社会公平与人格平等？正是在这些思考的推动下，惠民作为一种探索性的尝试"诞生"了，他们不知道它是否会成功，但是总需要有人迈出第一步。

任明秀：把我获得的支持
传递出去

　　任明秀，女，47岁。2008年在广州番禺某公司操作大冲床时左手受伤，左手掌三个半手指被切除。受伤以后，在专业社工的帮助下打赢赔偿官司，之后成为一名志愿者，去医院探访工伤患者，用自己的故事鼓励受伤的工友。回老家以后，她在贵阳做过一些其他工作，2009年来到惠民，与王发明一起做返乡工伤工友与残疾人群体的公益服务项目。在与工伤工友的交流中，任明秀了解到每个工伤家庭所面临的多重压力，她说出工伤者的心声，鼓励他们正视自己的残疾，勇敢自信地将残缺的肢体展现出来，在正视自己的残疾事实的同时，认识到自己的价值。

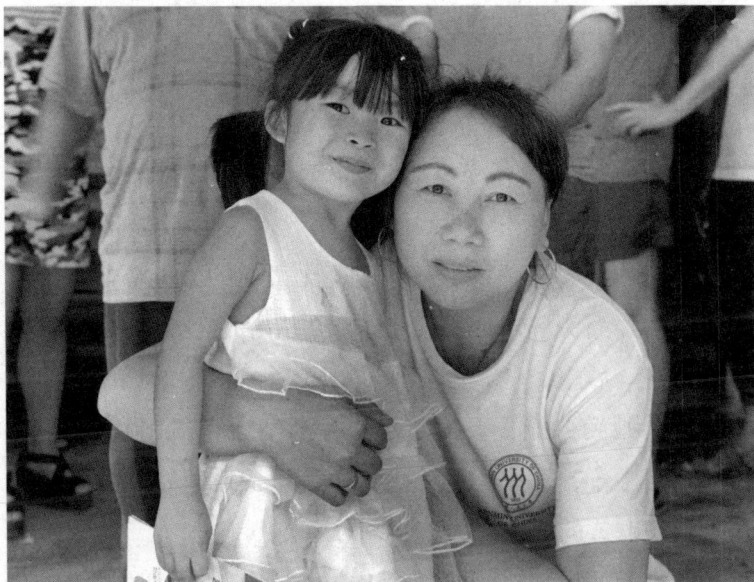

图 3　任明秀在工伤工友聚会活动中
摄影：石鸣

　　图 3 中的这个人就是任明秀，工伤工友们都亲切地叫她任姐。任姐非常爱笑，每次还没走到惠民的办公室，办公室里面就能听见她爽朗的笑声。我们一见如故，她跟我聊她的家乡，向我"炫耀"她的采茶功夫多么了得；她还时常给我看她一双儿女的照片，得意地说这是她的"靓仔靓女"。如果不是偶尔无意中看到她残疾的左手，我都忘记了她曾经也是一位濒临崩溃的工伤者。最初与她互动时，我很小心，我甚至有些害怕我的无意之举会显得不够尊重残疾的她，但是慢慢地我开始为我这样的想法感到惭愧，原来我的这种区别对待才是对工伤者真正的不尊重，正如任姐所说："我们只是手长得跟别人不太一样而已，但是我们并没有什么不同。"

噩梦的开始

任姐出生在贵州茶叶之乡湄潭。由于哥哥的身体不太好，任姐从小就担起了家里的生计重担，她 12 岁时就学会了采茶、选茶、烘茶，采茶的速度比普通的大人还快，再加上灵活的经商头脑，任姐家小时候的生活总比别的小孩儿家要宽裕些。后来，任姐离开家乡，先后在贵阳的烟厂、印刷厂打工，她勤劳能干，独立自强，渐渐地在贵阳站住了脚，后来结婚生子，家庭幸福，生活美满。至此，她的故事充满着田园牧歌式的浪漫。

任姐有两个小孩儿，一男一女，作为传统女性的她，生育之后一直在家里抚养两个小孩儿，同时负责照顾原生家庭的老人以及各种琐事。一向独立自主的任姐本来就不满足于这种依赖男性的生活，在两个孩子能够独立生活的时候，任姐决定外出广东打工，那一年是 2007 年，她 39 岁。

任姐一开始进的是一家香港的五金厂，专门生产电子板、手机板之类的产品，她在工厂里负责操作小冲床。后来因为她带头向当地劳动部门举报工厂违反《劳动法》规定，延长工人工作时间、克扣工人合理的加班工资，被管理人员驱逐出厂。

> 我虽然只是一个打工的，书读得少，但是我也知道劳动法，工厂它明明就是违反了法律的规定，我就要去

反映，争取我们的合理利益。大不了它就开除我，我又不怕，在哪儿都是打工。

之后，任姐进入了一家专门生产通风管的工厂，据说那是一家规模很大的通风管制造厂，任姐的工作从操作小冲床换成了操作大冲床。刚刚进厂一个多月，由于机器故障，任姐的左手被冲床压碎，三个半手指被切除。

> 本来这个机器应该是两个开关同时下去的，但是有个开关坏了，老板就用一根绳子来代替开关，可是这个绳子是会失控的呀。有时候你觉得拉绳子拉上去了，你伸手进去，但是这个机器又掉了下来，真的，用机器有时候就是一秒钟的事情。机器落下来的时候，我的手直接就被打坏了，根本接不起来。我当时有两颗戒指戴在这只手上的，两颗戒指都被压碎了。
>
> 我在医院苏醒后的第三天，厂里有工人来看我，我说那个机器有问题，他说出事后工厂马上就整改了，全部改成双手合闭来按开关的。你看，我们那一个月就有四个人被冲床压了，其中有两个被老板轰走了，有一个伤得比较轻，只有我一个人得到了赔偿。

撒泼打诨"求"来的赔偿

任姐说她出事的那个月有四个工人因为机器故障受到工伤，但是只有她一个人得到了合法的工伤赔偿。可是殊不知，这十五六万的合理合法的赔偿款，却是耗尽了任姐的全部精力和尊严，甚至是性命才得到。从出事后工厂改装机器的那一刻开始，这一场维权之战就注定是鸡蛋碰石头的壮烈之举。面对工伤者的维权行为，工厂往往采取逃避责任和拖延时间的战术，逼得工伤者知难而退。

工厂的责任逃避从掩盖工伤事故的真正原因开始。为了应对政府劳动部门的工伤事故调查，工厂管理者在事故发生后第一时间更换了不符合安全规定的机器设备，以此逃过工伤事故的责任追究。任姐常常后悔自己当时没有用手机拍下故障设备的照片，否则厂方绝对逃脱不了法律的制裁。

在维权过程中，根据规定，工伤者需要向劳动仲裁部门提供工伤认定申请的相关材料，这些材料均需要盖上工厂的公章才有效。工厂拒绝向工伤者出具医院住院治疗单据的复印件；拒绝在工伤认定申请单上填信息和盖章；不提供伤者的工资信息，或者刻意瞒报伤者的工资待遇，企图降低赔偿金额；等等。也就是说，工伤者是否能够申请成功，在很大程度上取决于工厂的配合程度，可是自知理亏的工厂老板怎么会在状告自己的材料上盖章呢？这样的政策规定大大增加了工伤者的维权难度，使得工厂管理者有空子可钻。

工伤者大多是外出务工者，一旦失去了工作，他们在城市中的生活可以说是朝不保夕。工厂管理者正是抓住工伤者的这一点，采取拖延时间的战术，使得工伤者弹尽粮绝，"识相"私了。比如，工厂以老板不在为由拖延出具各种证明材料，不及时认领法院判决书，在规定期限的最后时间里提起上诉等这些行为全是为了增加工伤者的维权时间成本，将他们逼入生活的死角。

很多工伤维权者都有与任姐差不多的际遇，只不过任姐幸运一些，她最终如愿以偿。但是回想起那段维权的往事，一向坚强独立的任姐也眼眶泛泪。

你知道那段时间里我有多么崩溃吗？你知道一个外地人在这里跟工厂的人周旋有多无助吗？工厂管理者的处处刁难与威胁，我外表再坚强，内心还是会很恐惧。每天到政府办公室去跟人打交道，缠、赖是基本手段。你以为我愿意这样在人家办公室又哭又闹吗？我一个女人这样厚脸皮撒泼打诨，你以为我不知道人家会怎么说我吗？但是如果我不这样耍赖，一哭二闹三上吊，谁会理我们这些在这里无权无势的外地打工者呢？

还好，有社会力量的支持与陪伴

对于任姐来说，认识为工伤者提供公益服务的社工是她一生的幸事。在她觉得四面楚歌、孤立无援的时候，他们为她出谋划策，代替她与工厂、政府、法院等机构谈判、交涉。这些专业社工对于任姐而言，就像是溺水者在汪洋大海中抓住的一块浮木，本来已筋疲力尽、没有生机，却在那一刹那重新找到生存的勇气与希望。

这些为工伤者提供公益服务的社工成为任姐的代言人，

他们以专业的法律知识和维权经验帮助任姐顺利地获得了合理合法的工伤赔偿；志愿者的日常陪伴让任姐在异乡感受到亲人的关心和温暖；外出探访的工作机会不但解决了任姐在维权期间的一日三餐问题，更重要的是令她重新认识了工伤对她的意义以及对其他伤者的意义。

> 如果没有他们这些社会工作者，可以说就没有现在的我。那时候刚受工伤，真的很自卑，我完全不是现在这个开朗的样子。我去医院探访那些工伤者，才发现我的伤跟他们比起来真的不算什么，起码我还可以端着碗吃饭。我每次去探访都能很好地完成任务，可能是因为我也是受了工伤的，他们也愿意跟我聊，渐渐地我发现我自己更自信了，在志愿者的开导下，我也不再觉得残疾是我人生的污点。我手是残疾了，但是我这个人还没有坏，我头脑还是好的，我同样可以自食其力。

社工的出现对于正处在崩溃期的任姐来说就是一根救命稻草，他们给予了她继续生活的精神力量，一种"我们与你在一起"的陪伴力量，让任姐在陌生的城市，面对强势的工厂和相关部门时不再感到害怕、无助。对于任姐来说，她明白了社会支持对于工伤者来说多么重要，哪怕仅仅是一句问候或者鼓励，这足以令她在遭受工伤的寒冬里感受到人心的温暖。

推己及人，传播星星之光

　　任姐是一个普通的农村女人，凭借自己的勤劳和倔强，她一步一步地在城市扎根。她的梦想本来只是做一个好妻子、好妈妈，她从未想过她会加入公益事业的行列，也从未想过她会由一个平凡的路人成为一个"影响者"。

　　2009 年，在王发明的邀请下，任姐加入惠民的工作中，成为惠民创始者中的一员。任姐的家在贵阳，距离尚嵇有一段路程，本来任姐只是答应过来看一下，她并不打算在离家这么远的地方工作，但是自从跟随王发明进行工伤家庭探访之后，她便改变了主意。初次的工伤家庭探访，令任姐看到了一个个鲜活的生命在经受工伤返乡之后的消沉，他们没有生机的眼神，他们羞于见人的自卑，他们凋敝的家庭，他们老泪纵横的父母，还有那满脸泥灰的孩子，这一切的景象冲击着她的内心，用任姐的话说："我也是受工伤的，我知道工伤对于一个人来说意味着什么，我看到他们又仿佛看到那时的自己。"正是这种推己及人的情感共鸣，使得任姐这个外乡人在尚嵇一待就是六年。

　　说实话，我当时受工伤回到贵阳后，可以开一个水果店或菜店，没有必要来这么远的地方工作，而且这份工作的待遇也没有很好。但是，当时发明再三邀请我来惠民看看，我就过来看看，跟他一起去返乡工伤家庭探访，我看到了返乡工伤者的真实的生存状态，他们不仅要遭受身体残疾的痛苦，还要承受周围邻居的歧视，他们既不能从事过重的农业劳动，也找不到其他的工作。没有了经济收入，他们的家庭也面临各种矛盾，夫妻离婚，父子反目，总之，工伤绝对不像普通人想的那么简单。我是过来人，其中很多滋味我都品尝过，社工给予了我很多的帮助和支持，不说是物质上的支持，精神上的鼓励更是重要。所以，我也想把这种力量传递给更多的工伤工友，他们应该过上被人尊重的生活，算是一种感恩吧，人都是要懂得感恩的，你说是不是？

任姐和王发明在一起创建了惠民，他们一起行走在泥泞的乡间道路上，一起踏着朝露出发，迎着夕阳归来，一起与工伤家庭同悲同喜，一起承担机构运营的风险与挑战，他们也曾无数次地争吵，任姐也曾动过离开的念头，但总是一个个来自返乡工伤者的电话以及一声声饱含亲情的"任姐"，

图4　行走在探访工伤工友的路上
摄影：惠民互助服务中心

令她无法做出"心狠"的决定。或许每一个公益人都不是天生的大善人，但是当他们第一次踏足这些渴求温暖的人们的世界之时，便再也无法挪动自己的脚步，因为他们的到来给予了工伤者希望，如果离开，便带走了这些人们仅有的那一点光亮，正是这种"内疚感"和"自责感"成为支持他们继续前行的内在动力。

任姐的工伤经历极具代表性，返乡工伤者除了承受身体的疼痛、心理的煎熬之外，还要应对一个外乡的农村人在城市治疗、维权所遭遇的一切不公正待遇。任姐的故事告诉我们，对于一个工伤者来说，社会支持是多么的重要，它能够让工伤者感受到一种来自陪伴的安全感。正是基于王发明与任姐的工伤"共鸣"，惠民在建立之初便提出"互助自助"的口号，目的就是为了给返乡工伤者提供平等、相互尊重的社会支持，使他们尽快地从"家庭人"发展成为"社会人"。

呱呱落地

几乎每一个刚出生的小孩儿都是皱皱巴巴、邋里邋遢的，谈不上好看。他们一点点学会抬头、坐立和起身，非常努力地向上生长，但这离不开照料者的悉心呵护、耐心教导。

惠民亦是如此。创建伊始的惠民犹如一只无头苍蝇，不知道应该做些什么、怎么做。他们一点点地摸索、尝试，慢慢地形成想法，付诸实践，当然这背后离不开乐施会坚实的支撑与扶持。

惠民从这里开始

 2010 年夏天，王发明参加北京工友之家骨干培训，在这里他结识了乐施会农业与扶贫政策团队的成员李敏，几番交谈，李敏对王发明回乡创办工伤者服务机构的想法表示支持，她认为返乡工伤者作为城乡循环流动群体中特殊的成员，在很大程度上处于城市与农村双重社会支持系统的边缘，遭受工伤的他们一方面不能在城市享受社会福利政策，另一方面回到农村也无法再从事农业劳作，同时又难以被纳入农村残疾人福利保障体系之中。王发明的工伤经历令李敏深深地意识到，这样的一个群体需要社会的关注和民间社会组织的行动干预，因此乐施会决定支持王发明在贵州遵义老家创立惠民，为工伤者服务。

 在惠民初创的两年多里，机构的两位创始人——王发明和任姐靠着对这份事业的热情一路摸索，打下了很好的工作基础。通过家庭探访和小组活动等形式，他们将分散在各个村庄的返乡工伤者聚集起来，形成以惠民为核心的工伤者互助自助网络；他们与返乡工伤者建立起相互信任的关系，积极疏导他们的自卑情绪，帮助返乡工伤者融入社区生活，力所能及地为他们的家庭生计提供支持。

　　如同很多初创期的草根机构一样，惠民初期的发展也面临诸多挑战，如机构刚刚正式注册，尚不具备独立的财务管理能力；工作内容比较零散，缺乏不断深入的工作方法和策略；机构人员的专业能力有待提升，工作视野有待拓宽；等等。在这个阶段，乐施会项目团队与王发明讨论最多的是：不能只顾"埋头拉车"，也要"抬头看路"。

　　为了协助惠民突破发展瓶颈，2013年，乐施会专门支持

图5　乐施会工作人员访问惠民互助服务中心
摄影：惠民互助服务中心

惠民开展三年工作，如帮助其做 2014 ~ 2016 年工作规划的制定。为此，乐施会还专门邀请有丰富乡村发展工作经验的贵州和仁乡村发展研究所加入，共同协助惠民制定未来的发展规划，也在此过程中为惠民的员工提供能力培育。

这个过程并不容易，经过半年不松懈的努力，惠民清晰梳理出过往工作的经验和不足，明确了机构的工作优势、劣势、空间和机遇等，确定了机构的发展方向、工作目标和工作重心等。在这半年中，惠民也建立起了比较完善的管理制度，如聘请了稳定的兼职会计人员，他会定期到办公室核查财务管理情况；请大学生志愿者协助其整理工作档案等。经过半年的认真探索，惠民将自己机构的服务对象聚焦于农村有劳动能力的残疾人。惠民明确了自己的长期目标：促进该群体的综合发展和社会融入，在自强的基础上服务社会。惠民的定位愈来愈清晰："惠民中心将朝向具有社区行动能力、经验总结能力和政策反思能力的专业性发展机构而努力。"

惠民理解的"发展"，体现在其工作中的以下几个方面。

第一，发展独立、自信的社会人格。在长期的实地调查中，乐施会与惠民达成了一个共识：改变行动之前必须先改变意识。大多数的返乡工伤者因为身体残疾陷入"无能"的诅咒中，他们将社会歧视与偏见内化进心灵，自我催眠地认为自己是"不行"的。因此，惠民需要帮助返乡工伤者正视身体的残缺，重新建构起独立、自信的人格，让他们相信自己是可以的。第一期合作项目"建构返乡工伤者的社会支持网络"的工作重点就在于此。

第二，致力于农村有劳动能力的残疾人的生计发展。惠民的项目计划书中明确地写了，生计发展并非生计救助，而是调动返乡工伤者的劳动主观性，提高他们的生产主体性，互助自助，实现自立自强。乐施会一向注重培养草根组织，其不主张救助式的社会服务，因为服务对象在其看来并不是一个等待社会救济的难民，他们自身是具备一定的生存技能和发展潜力的，只是他们处在了社会结构当中的弱势位置，这限制了他们的发展。乐施会和惠民要做的就是努力为他们创造一个友善、公平发展的社会环境，给他们提供一定的社会支持，与他们一起发展自己的主体性，使其成为一个真正意义上的"公民"。如果哪一天惠民离开了，不做了，这些曾经与惠民在一起的返乡工伤者依然能够自立自强。这就是乐施会和惠民一直所强调的"发展"的意义。

第三，注重群体的社会发声与社会倡导。返乡工伤者作为一个发展的主体，他们不仅具有享受社会支持的权利，也有影响社会的责任。据官方统计数据，我国的农民工人数已经超过 2.4 亿，对于这 2.4 亿以及未来可能更多的城乡流动工人来说，工伤是无法回避的一个问题。返乡工伤者群体有责任向社会传达他们的工伤经历，一方面提高农民工的防范意识以及处理工伤的应对能力，另一方面促进社会反思，促使相关政策从宏观层面进行调整，促成更有利于进城务工者发生工伤后再发展的政策空间。

第四，强调伙伴关系的平等以及互助自助相结合。在通常的慈善框架下，我们常常将社会服务理解为单向的给予、一种自上而下的精英式的慈善，被资助者往往需要为资助者的给予感恩涕零。强调"发展"的惠民与返乡工伤者之间不是给予和被给予的关系，而是一种平等的伙伴关系，就好比开一家公司，惠民是原始股东，工伤者是负责具体经营的CEO，彼此之间互相合作、支持，共同打造公司的未来，将来拿出收益的一部分支持其他更多的工伤者。这就是乐施会与惠民一直强调的发展主体性中的重要因素：接受与回馈。乐施会项目经理刘源说："一个具有主体性的人是不会只讲求接受，而不谈社会回馈的。我们希望乐施会与惠民所做的事，就是改变社会上的一些固有的偏见，认为这些残疾的返乡工伤者只能靠接受社会资助而生存，而事实上他们中那些具有劳动能力的人不但可以自立自强，还可以帮助其他有需要的人。这才是一个具有独立人格的社会公民。"

乐施会就像是惠民孕育生产过程中的助产士，是它的双手迎接了惠民的呱呱坠地，并且与惠民一起规划、确定了它未来前进的方向。惠民这么多年开展的工作几乎都是沿着这个大方向，家庭探访、信心重建、互助网络建设、生计发展、社会宣讲等工作，都将"发展"的真实意义落到实处；在惠民发展的过程中，乐施会又如一个平等的伙伴，牵着惠民的手，跟它一起跨过发展道路上遇到的每一个障碍，尊重它，倾听它，帮助它独立成长，又和它一起成长。

返乡工伤者的生存状态缩影

——惠民的第一次实地调查

2008～2009 年，惠民还没有正式获得乐施会的项目资金支持，机构创始人王发明与机构成员在间断、零零星星的物质支持下，一直开展着周边多个乡镇返乡工伤者的生存状况调查。虽然王发明从事工伤者服务的工作经验十分丰富，他也非常清楚要依托于城市工业区的工人 NGO 组织的工作内容和运行机制，但是一心希望回到农村老家创办工伤者 NGO 的他完全不知道机构的工作该从何做起。他不知道返乡的工伤者处于何种状态，他们需要什么，而惠民又能为他们做些什么。正是这一年多的摸底调查，令王发明与机构工作人员对返乡工伤者的生存状态越来越了解，惠民的工作目标也越来越清晰。

工伤——人生时序的混乱

> 我看见我的手遭（受伤）了，当时心里面就想到我这辈子完了，我肯定是下半辈子完了，我的手都没有了，所以可能接下来下半辈子肯定完了，心里面是这样想的。（王发明，2015年3月）

> 那种滋味很不好受，手被整（压断）了，整个的心情就不一样了。就是受伤的那种，自己想的那种，就想我以后的日子怎么走，怎么生活。（阿云，2015年3月）

在实地调查中，王发明听到的最多的表达就是"我残废了，我完了，以后的日子怎么过下去"。正如这些返乡工伤者所说的那样，工伤所导致的身体残疾或者疾病使他们过去的人生规划全部泡汤，他们甚至不知道第二天应该做什么，或者说还能够做什么。他们不知道自己现在处于什么位置，也不知道是否还能回到原来的位置，接下来的路该怎么走。似乎曾经指引他们前进的人生地图和坐标瞬间都不管用了，他们对未来的不可预测性与不确定性充满了恐惧，身体和生活的失控感令他们陷入深深的绝望、无助和无尽的自责之中。

王发明几乎从每一个返乡工伤者那里都感受到了工伤之后的混乱感和失控感，这使他想起了当时夜深人静时躺在医院病床上独自流泪的自己，那个时候的他又何尝没有体会过这种混乱和绝望呢？所以，每接触一位返乡工伤者，每一次的对话与哭诉，都令他产生一种错觉，他似乎看到了无数个自己。惠民所接触的 108 位返乡工伤者，他们的样子时常出现在王发明的脑海中，他发现对于返乡工伤者来说，最现实的问题并不是城市工人 NGO 所强调的维权，而是生存，是实实在在的生活。这些拖着病体回到农村的工伤者们，每一天每一分每一秒无不在为生存而苦恼和坚持，因为工伤与残疾，他们在日常生活中遭遇的障碍太多太多，而他们最常说的一句话是"过一天算一天吧"。

身体疼痛与功能丧失

对正在疼痛中煎熬的人来说，疼痛是那么无可奈何，没得商量。如果要他们说明什么是"确实的"，那么"疼痛"一定是他们想到的最活生生的例子。

阿兰在浙江一家工厂里操作冲床右手被压得粉碎，虽然通过接指手术，手掌恢复了大致形状，但是手部功能几乎完全丧失，并且右手臂和右边身体持续性疼痛。

现在（4 月）这个天气手都会痛，整个这半边手，腰和腿都痛，因为接手的时候，在腰上开了一道口子，把手放进去养了一个月，所以现在腰、腿这些都受影响。晚上睡觉的时候，这个手一碰到床单就痛，痛得根本就睡不着，我每天晚上都是用左手抱着我的右手睡觉，不敢动，一动就痛，只能自己一个人躺着流泪。

不管是明伤的身体残疾，还是暗伤的职业病，工伤都意

图 6　探访返乡工伤者阿兰

摄影：石鸣

味着某一部分身体功能的丧失或者不健全，比如行走能力、精细动作能力、呼吸能力丧失或较弱等。对于农村外出的劳动者来说，身体是他们唯一的资本，他们忍受世界大工厂里无止尽的加班、糟糕的工作环境、冷漠的身体管理以及微薄的工资，为的是完成自己在农村无法完成的角色责任。然而工伤所导致的身体功能的丧失，意味着他们失去了这个资本，他们无法再自如地控制自己的身体，继续担当一直以来的家庭贡献者或独立者的社会角色，相较于身体功能障碍所带来的生活难题而言，这恐怕才是他们真正担心的。

自我认同危机

　　在惠民与返乡工伤者的反复接触中，王发明发现除了身体残疾导致的客观上的家庭困难之外，返乡工伤者们还存在一个严重的问题——自我认同危机。在谈话中，大多数工伤者将自己描述为"废人""包袱"，他们完全丧失了对生活的信心和期望，主观上的消极情绪使得他们缺乏主动性去改善家庭的生计状态，从而陷入更加贫困的境地。

阿贵是王发明在探访中认识的一位年轻小伙子，30岁左右。2007年前后他在浙江打工时，左手臂被卷入年糕机中导致粉碎性骨折，最后被截肢。回到老家后，他整天坐在家里，什么都不做，不管是父亲出资开店，还是亲戚提议学开车，或者跟弟弟一起做装修，他都全部拒绝，理由是他觉得自己只有一只手无法胜任。阿贵常常把自己与健全人区隔开，他称自己是"我们这种人"。王发明曾多次用其他工伤者的故事来激励他，可是他仍旧认为残疾人是无法独立完成工作的。

在与阿贵的交往中，王发明有一种深深的无力感，他意识到如果一个人的精神垮了，即使社会支持力量再强大，他也无法被唤醒。于是，他在第一期项目计划书中，将"生活信心的重建"作为惠民主要的工作内容之一。

家庭关系的恶化

每一人在社会中的存在都离不开与他人的互动，当疾病扰乱了一个人的人生进程时，那么他所归属的关系群体也将同他一起承担这种失序，而家庭作为人的首要归属群体，它不可避免地与病患者一起被置于疾痛的中心。长期的生活照料加上经济条件的窘迫，家庭成员间的关系会出现一些或微妙或明显的变化，有的甚至出现妻离子散、家庭对立的局面，而这种家庭关系的恶化反过来又加重了返乡工伤者的压力。

阿虎在 10 多岁的时候外出打工遭遇工伤事故，左腿高位截肢，他的父母亲为了从农村坐车去城里看望受伤的儿子，把家里最值钱的牛马贱卖了，从此家里的农活只能依靠双手。由于当时粮食供应不上，阿虎的父母亲将最好的大米给受伤的儿子吃，他们只吃麦沙（当地说法，大米不够吃时，当地人会把小麦磨的面粉混着米一起蒸着吃）果腹。工伤对于厂方和政府来说，只是一个有待解决的生产事故和劳动仲裁事件，但是对于工伤者和他的家人来说，足以摧毁一个艰难延续几十年的家庭和两代人的生活勇气，令他们本来就困难的生活雪上加霜。

婚后核心家庭不同于原生家庭，它并非基于血缘和亲缘而建立起来，在农村它更多的是一种利益共同体，婚姻伴侣则更像是过日子的合作搭档。当工伤者丧失身体功能导致其"合作过日子"的能力下降时，这个利益共同体就会面临崩溃的危机。在返乡工伤者家庭中，因为工伤者的经济价值日益降低，夫妻离婚的情况并不少见。伴侣的离开对工伤者而言无疑是又一重大打击，抛弃感令他更加丧失了生活的勇气，同时对社会也多了几分仇恨与埋怨。

另外，一些单身的工伤男青年，由于身体残疾无法在当地找到合适的对象，他们的父母或亲戚为了给他找个媳妇"上岸"，不惜逼他们与智障者结婚，造成日后整个婚姻和家庭的混乱和窘迫。返乡工伤者阿平就是这样一个典型的代表，工伤返乡之后的他经历过几段感情，由于身体残疾，他的恋爱对象几乎都是二婚女性或者同样身体有微小缺陷的女性。在最后这场由家里长辈张罗的婚姻中，他就像是一个木偶，虽然结婚前一天他已收好了包袱准备逃离，但是最终还是顾及母亲的身体接受了现在的这位智障妻子。

引发家庭关系恶化的一个重要导火索是工伤赔偿款。当返乡工伤者带着残疾的身体和一笔当地人所称的"巨款"回家时，冲突就注定无法避免。父母认为自己养育了孩子，现在孩子受伤了可能无法为自己养老，所以这笔赔偿款应该分给自己一部分，甚至有些父母悄悄地将赔偿款挪用到其他地方或支持其他的兄弟。工伤者阿勇便是因为赔偿款而闹得夫妻成仇人，家庭分崩离析。

因此，惠民的服务对象不仅仅是返乡工伤者本人，还要延伸到他的家庭，确保家庭成为返乡工伤者的首要社会支持。

基于身体的就业歧视

阿平，在浙江打工时左手三个手指被压断，无奈从城市回到农村老家进行身体康复。身体复原后，他尝试重新进入城市打工，在上海辗转数十家工厂，最后皆因他的残疾被拒之门外。长期的工厂求职经验使阿平明白了劳动力市场的潜规则：只要成功遮蔽自己的残疾身份，便可以如健全人一样获得工作机会。所以，阿平在一次入厂考试时用笔记本挡住自己残疾的手，获得了工作。在工厂做事时他避免与工友接触，吃饭也躲得远远的，他试图通过这些手段来隐藏残疾，保住得来不易的工作。但是，当他的残疾身份被人知晓，即使他在工作期间表现良好，业务师傅认可他的工作能力，他也难逃被辞退的命运，辞退理由并不是他真正无法胜任工作，而是残疾的标签使得工厂主认为他无法胜任工作。

《中华人民共和国残疾人保障法》规定："国家保障残疾人劳动的权利。各级人民政府应当对残疾人劳动就业统筹规划，为残疾人劳动就业创造条件。"然而，现实中残疾人的就业状况并不理想，他们很难从事集体劳动，尤其是在农村，残疾人只能进行个体经营和农业劳作。王发明在调查中发现，返乡工伤者的生计发展途径非常有限，大部分返乡工伤者无法从事种植方面的农活，只能做一些辅助性的农事，比如养殖规模较小的家禽家畜，或者是做一些力所能及的家务；很少一部分工伤者利用赔偿金从事小本生意，如开杂货店、电器店等，他们对于未来的生计也缺乏信心。

很明显，返乡工伤者中的大多数人只能在家里做一些简单的农业生产工作，无法再次进入职业场所谋生。然而，限制他们进入就业市场的并不一定是他们因残疾而带来的所谓"能力下降"，很多身体残疾却做事出色的返乡工伤者所遭到的就业排斥实际上是一种主流身体价值观对残疾身体的歧视与排挤。在一些人的偏见里，残疾=残废=无能，即使工伤者们努力证明自己的能力，也很难改变人们的这种偏见。

社会支持的不足

在任姐的故事中，我们深刻了解到社会支持对返乡工伤者的重要性，但是实际上工伤者在返乡之后所能获得的社会支持十分有限。首先，在社会福利保障方面，大部分返乡工伤者的条件不符合申请低保、残疾人补助的福利政策，被排斥在地方政府的社会保障体系之外。虽然在政策方面，政府也给返乡工伤者提供一些支持，比如工伤人员创业绿色通道、工伤人员创业免税等，但由于受到诸多因素的限制，有关政策在落实上不尽如人意。其次，在社会组织服务方面，民间组织的工作重心集中在城市，其工作领域尚未或者很少延伸到农村。再次，社会认同不足，主流的社会话语仍然充斥着对返乡工伤者的歧视与偏见，割裂了他们与社会的交往链条，使得他们鲜少获得社会的舆论支持。最后，社会各界在工伤工友自组织建设与互助合作、心理辅导、生计改善等方面缺乏关注与支持。

工伤的发生是一个复杂的社会问题，它不单单是一次安全事故或意外，返乡工伤者的生存与发展问题也需要全社会的关注与支持，单靠工伤者的力量是很难解决所有问题的。

梳理问题，设定工作目标

惠民近一年的基线调研具有非常重要的价值，一方面它丰富了人们对返乡工伤者生存状态的认识与理解，另一方面它为确定惠民的工作内容与工作目标提供了丰富的资料。通过调研，王发明总结了返乡工伤者现实生活中存在的两大问题——心理与生计，工伤残疾所导致的自卑、认同危机是解决生计问题的大前提。他认为，惠民最为迫切的工作就是帮助返乡工伤者重新找回自信以及对未来生活的希望，这比物质的直接支持重要千倍万倍。当返乡工伤者改变了对残疾的认识和自怜自艾的状态时，惠民的生计支持才具有更加显著的效果。

因此，当惠民正式向乐施会提交项目申请书时，王发明把第一期项目确定为"构建返乡工伤者自助互助网络"。这一项目是王发明与机构工作人员在漫长的工伤探访工作中所总结出的重中之重，他们认为只有建立起一个属于工伤者的自组织网络，才能帮助他们一步步从封闭的泥潭中提起双脚。当他们无法在社会中获得有效的社会支持时，这样的一个社交网络能够恢复他们的社会交往欲望，平等地从他人那里获取信息与情感慰藉，进而实现他们与更广阔世界的交融。

图 7　惠民邀请社区发展专家为工伤工友作培训
摄影：惠民互助服务中心

返乡工伤者的生存状态缩影　**041**

一路走来，惠民至今已经完成了三期项目，从网络建构到生计支持，他们的工作目标一步步深入，而最终的目的则是实现返乡工伤者的独立自强，使他们发展成为具有主体性的社会"公民"。具体来说，惠民的工作内容包括以下内容。

工伤者个人：心理慰藉，减轻个人的精神压力。树立同类人榜样，给予生活的信心与勇气。搭建信息平台与互助网络，实现返乡工伤者之间的经验交流，提供信息支持与情感支持。

工伤者家庭：作为工伤者与家庭成员间的疏通器和润滑剂，增强家庭成员之间的互相理解，为返乡工伤者创造一个和谐的家庭环境，从而使其获得有效的家庭支持。

村落环境：开展工伤宣传与工伤故事传播，增强社会公众对工伤与返乡工伤者的了解与理解，消除歧视，营造一个友好的社会生活环境；另外，降低外出务工者遭遇工伤的风险概率，增强他们应对工伤事故的处理能力。

生计支持与就业指导：对返乡工伤者中具备劳动能力的人进行一定的生计支持，提供资金、生产工具或者生产技术，提高返乡工伤者的生产效率与生产信心，拓宽他们的生计发展途径。另外，建立返乡工伤者与外界的就业联系，为工伤者们提供合适的就业信息和就业推荐。

王发明常说："我开始了就没有想过要轻易放弃。"也就是他的一股子倔劲儿，以及他对返乡工伤者生存状态的感同身受，惠民才在 NGO 农村服务的这条道路上迈开了步伐，一直走到今天，而且未来还将走得更远。

一个也不能少：基于信任
关系的自组织网络建立

　　工伤探访是惠民工作的基础，同时也是建构返乡工伤者自助互助网络的必经之路，只有通过探访过程中的传播，才能够建立起人与人之间的关系，从而形成关系网络。因此，对于惠民的工作人员来说，工伤探访就是一个与返乡工伤者及其家人进行交流的过程，在这样一回生二回熟的交流中，惠民与越来越多的返乡工伤者建立起牢固的信任关系，他们抱着"一个也不能少"的信念，凭着一双腿走遍尚稽、新民等周边村镇，四处打听返乡工伤者的信息和住处，争取能够为每一个返乡工伤者送去他们的关心和服务。同时，他们也在这个过程中总结出了属于自己机构的工作经验。

我们被误认为是传销骗子

工伤探访之路并非坦途。在普遍缺乏公益启蒙的农村地区，公益、社工本就是一些相当陌生的字眼。当两个陌生人突然出现在自己家里，向自己打听消息时，人们的内心总是充满着戒备和怀疑。王发明和任姐多次被工伤者及其家人误认为传销骗子，他们认为天底下不会有这种"做好事不求回报"的人，肯定是有所图，想骗他们的工伤赔偿款，于是他们往往对发明与任姐的到来不理不睬，或者是闭口不谈，甚至有的还将他们俩告进了派出所。

> 当时我们去他家，告诉他们我们是惠民的，是为返乡工伤者做公益的，还留下了我们的宣传页，上面有我的手机号。但是第二天，我就接到了新民镇派出所的电话，说是他的妈妈拿着我们的宣传页到派出所报警，说我们是骗子。于是我赶紧拿着我们在民政局的合法注册证件赶去了派出所，跟民警解释我们的工作，后来民警明白了我们是做好事的，就跟老人家解释，但是她还是理解不了我们。后来，我们还为他们家的一个小孩儿申请了几百元的助学金，但是他们家还是不敢收我们的钱，担心我们是骗子。真的很无奈。

正是人们公益意识的缺乏，使得惠民初期的工作很难获得返乡工伤者的认可。任姐有丰富的工伤探访经验，再困难的个案她都能攻破，与案主能交流自如。但是当她说起在惠民的工伤探访工作时，一直摇头说："难啊，难啊！"

　　惠民初期的工伤探访工作的困难体现在两个方面。第一，探访时间与交通成本高。贵州多山，返乡工伤者分散在大山的各个角落，他们除了乘坐摩托车之外，只能靠自己的双脚走遍大山。通常情况下他们一天只能探访一两位工伤者，运气不好的时候他们会无功而返。第二，即使找到了返乡工伤者的住处，他们的到来往往无法得到他们的欢迎和回应，更别说友好关系的建立，因此一个地方他们需要来往四五次才能击碎返乡工伤者心里的坚冰，而这所耗费的时间可能得一两个月。

　　　坦白说，那段日子真的是不好过。我们费尽千辛万苦找到返乡工伤者的家，他们不但不会请我们去家里坐着喝点水，而且根本就不理我们，那个时候真的是觉得很委屈，为什么要来受这个罪，遭受这个冷眼呢？但是换个角度来看，他们的警惕也是有道理的，我们只有以诚相待，一次不行，就来两次，两次不行，就三次，总之我相信他们能够感受到我们的诚意。你看现在我们去，他们可高兴了，邀请我们进去坐，去他家吃饭，人心换人心嘛。

破冰——工伤疾痛的主动披露

在长期的工伤探访工作中，惠民的工作人员积累了很多的社工工作经验，尤其是在与返乡工伤者建立传播关系方面。人际信任是人群与社会持续互动必然涉及的一个关系性问题，只要互动关系继续，信任问题就不可避免。返乡工伤者愿不愿意向惠民的工作人员讲述他们的工伤故事，在很大程度上取决于他们对惠民的信任程度。

"工伤疾痛主动披露"在惠民与返乡工伤者的互动交往中起到了重要的"破冰"作用，它能够一下子减少返乡工伤者对惠民工作人员的戒备之心，同时还能拉近他们之间的距离，找到一个共同、安全的交往空间。阿兰是一位右手功能尽失的返乡工伤者，王发明与任姐多次探访都未能见到她本人。一次偶然的机会，在一位邻居的热心帮助下，任姐敲开了阿兰家的大门。然而，阿兰对于任姐他们的到来感到非常忐忑和惶恐，她甚至不敢向他们介绍自己家庭的真实情况，害怕受骗。但是，当任姐举出自己受伤的左手跟她说："我们听说你也是受了工伤的，你看一下，你受的伤有我这个严重吗？"阿兰一下充满了表达欲："你也是工伤吗？"就这样，她们两人就过去打工的经历，受伤的过程交谈起来，当然互动的过程有来有往，在倾听阿兰的故事时，任姐必须也要讲述自己的故事，以使得整个交流过程畅通无阻。就在这次交谈之后，当任姐和王发明再一次造访她家时，她再也没有第一次的拘束，竟然做好饭留他们在家里一起共进晚餐。

　　为什么任姐的"工伤疾痛的主动披露"能够起到破冰作用呢？中国社会科学院社会学研究所杨宜音教授在对中国人形成"我们"的社会心理机制研究中指出，"类别化"是一种非常重要的形成"我们"的心理路径。[①]这种路径是指当一个个体将自我与一个类别／群体建立心理联系之后，就会形成对该类别的认同，并因此形成与该类别以外的人或其他类别的积极的特异性，并形成"我们"概念。个体所认同的类别被称为内群体（in-group），而其他类别被称为外群体（out-group）。这一个体与类别建立联系的心理过程被称为"自我类别化"（self categorization）。具体到惠民与返乡工伤者阿兰的

图8　小组交流会后的合影
摄影：惠民互助服务中心

交往情境，任姐工伤疾痛故事的讲述与分享使得阿兰这个个体与惠民这个工伤者民间组织建立起某种共同的心理联系，形成对惠民这个组织群体的认同，构成基于共同的工伤经验的"我们"，并且将自己视为这个"内群体"中的一员。可见，工伤疾痛叙事实现了返乡工伤者的"自我类别化"，从而拉近了惠民与返乡工伤者的心理与情感距离。

① 杨宜音：《关系化还是类别化：中国人"我们"概念形成的社会心理机制探讨》，《中国社会科学》2008年第4期，第148~159页。

耐心倾听，仔细观察，对症下药

一次交谈所建立的关系只能是相识关系，它离值得信任的相熟关系还有一段距离。任姐说，在社工工作中，尤其是建立人与人的信任关系时，要注意把握合适的安全距离。

> 第一次或前面两次去返乡工伤者家，我们不能聊得太多，因为那时候我们还不熟，如果一下子打听别人那么多事情，是很令人反感的，所以一般我在之前就听他们讲他们的工伤故事，然后观察他们的家庭，发现他们的问题，然后在后面的探访中再进行针对性地解决，这样人家就会更加信任我们，愿意与我们长期深入地交往。

通过几次的交流与故事分享，王发明与任姐认为阿兰存在的工伤后遗症除了经济问题以外，还需要有人帮助她重建精神世界。于是，在后面的时间里，任姐经常打电话与阿兰聊家常，邀请她去机构参加活动，甚至提出建议让她跟他们一起去其他工伤者家里玩耍，多与其他富有正能量的返乡工伤者交流，帮助她建立一个可以企及的人生目标，让她找到一种久违的安全感与信任感。在多次的探访中，任姐发现阿兰的生活重心几乎全部在她的女儿身上，于是机构工作人员自己出资为她的女儿提供学习用品、书籍，并且提供当地的教育咨询信息供她升学参考。

人心都是肉长的，这句话并不假。惠民工作人员的真诚、细心和贴心全部都被阿兰接收到了。自此以后，每次任姐给她打电话说要到家里看她，她总是笑呵呵地说："来嘛，来嘛，我做饭给你们吃。"实际上右手不方便的她做饭也不容易，但是就像阿兰说的，"大家能够坐在一起聊聊天也是一件开心的事情，也很难得，它能让我忘记伤口的疼痛"。

以目标地点为中心的小群体式探访

由于当地的地形复杂，交通也不便，每一次工伤探访的时间成本都非常大。考虑到返乡工伤者的居住地分散，为了节约成本，王发明决定每一次的探访以地点为中心，而不以个案为中心。即每一次工伤探访先确定一个目标地点，在目标地点附近搜寻返乡工伤者的信息，然后再进行集中式探访。

在实际工作中，王发明发现个人式的探访效果不如小群体式的探访效果好。当他们到一个村子时，通过向村民询问找到一位返乡工伤者，然后再以滚雪球的方式找到村里的第二位工伤者，然后将他们两人集中在其中一位的家中，加上旁边看热闹的村民，进行小型的群体讨论。王发明认为，在这种群体情境下，趋同性更能激发返乡工伤者的表达欲，而且会大大降低他们对惠民的戒备与警惕，另外还能增进其他村民对惠民的了解，一石三鸟。

自从发生之前返乡工伤者报警的事情后，王发明改变了他们的探访工作方式。以前，他们总是直接找到返乡工伤者的家里进行探访，现在他们每到一个村子，便会先跟村里的村委会进行沟通，讲明惠民机构的身份与工作内容，并且出示合法的机构注册证件，这样做的原因有两个。第一，当再次出现类似村民不理解的情况时，村委会能够及时加以解释和澄清，避免误会升级；第二，村委会成员多是村里的德高望重者，如果获得他们的理解与认可，将大大提高惠民在该地进行工伤探访工作的效率。王发明总是强调，公益事业并非哪一个人，或者哪几个人的事情，它需要动用整个社会的资源与支持，尤其是农村地区，如果能够得到当地行政部门或者权威人士的支持的话，惠民就将不再是孤军奋战。

一个也不能少

"一个也不能少"是惠民机构进行工伤探访的信念，就是坚持着这样的信念，他们不在乎道路的危险与艰难，不在乎村民们的白眼和冷漠对待，始终以一颗赤诚之心一次、两次、三次地与返乡工伤者建立联系，获得他们发自内心的认同与信任。

> 现在不一样了，有时候我们刚踏进村头，你就可以看见他（返乡工伤者）已经站在屋前等着我们了。我们要走的时候，他们也总是一直送，一直送，这种感情是我们一天天，一次次用真心建筑起来的，它无关乎我们有多少钱，能给他们带去多少东西，至少我们的心他们感受到了，这就是我们工作的价值与意义。

　　至今惠民成立已经五年了，工伤探访的工作一直没有间断，王发明的探访笔记本不知道已经换了多少本。他告诉我，迄今为止，他们已经联系上了近 200 名返乡工伤者，由于流动性较大，交往频繁、定期参加机构活动的工伤者大概有 70 名。这些返乡工伤者已经把惠民当成了他们在尚稽的家，有事没事儿都会进来坐一坐，聊一聊自己的近况。高兴时笑，难过时哭，毫不掩饰，或许这就是家人相处的真实状态吧。

成　长

经过两三年的跌跌撞撞，惠民终于初见模样。它开始能够放开手小跑一段，即使有时摔得鼻青脸肿，但是感觉自己的个头一天天长高，身体一天天壮实，内心的喜悦油然而生。当然，在惠民成长的身后，照料者依然静静地站立着，目光从未离开过它。

众人拾柴火焰高：惠民的
成长日记

2013 年下半年，惠民经历了一次非常严重的发展危机，甚至面临关闭的风险。在乐施会的财务审核过程中，惠民被发现存在 1500 元的票据作假问题，对于财务审查一向严格的乐施会来说，不论金额的大小，票据作假都是非常严重的经济和道德问题。因此，惠民面临了接近大半年的项目整顿和财务清查。

回忆起那段艰难的日子，王发明至今仍心有余悸。

我们是实施财务审核制，机构的每一笔开销费用都必须有严格、明确的票据证明，这也是乐施会在机构管理过程中最重视的一方面，因为这涉及机构的诚信。当时，被查出来我们上交的一张票据存在涂改作假的嫌疑，我们自己也是非常震惊的。因为那时候我们并没有自己的出纳和财务，是我们的合作伙伴帮助我们做这个事情，我们自己并没有核实这些单据就上交了。后来，新一阶段的项目不得不暂停，项目官员帮助我们向财务申请，让我们把这个事情查清楚，然后再给惠民下最后定论。那段时间，我们的压力非常大，担心机构运作不下去，如果真的关停了怎么办？

在项目官员的大力支持下，惠民就这张单据的问题从头开始核查，最后发现惠民并不存在恶意涂改作假的问题，真相是一位帮忙整理票据的志愿者见到有一笔开销没有票据，为了帮惠民节省费用，将这笔费用加在了另一张票据上，并在票据上做了金额的修改。后来查实那笔没有单据的费用的的确确存在并且是合理开支。前前后后半年的彻查，在很多人的支持和帮助下，惠民证明了自己的清白，而在这次财务危机事件之后，惠民在乐施会的信用度也直线上升。

在惠民的成长过程中，它经历的危机和问题数不胜数，虽然没有那次财务危机那么严重，但是日常工作运行中所遇到的困难也足以令王发明和机构成员心力憔悴。如果没有社会各方机构的支持和帮助，惠民可能撑不到现在。惠民在成立初期没有合法的机构身份，它挂靠在遵义红十字会下面，财务挂在贵州乡村治理促进会，业务开展主要依靠乐施会和贵州和仁团队及其子项目狮山昌农合作社。

曾经负责惠民这个项目的乐施会项目官员李敏回忆初期

跟王发明沟通工作的情景。

　　惠民刚成立时是挂靠在贵州乡村治理促进会，和仁团队是惠民的督导机构，惠民的第一期、第二期项目计划书基本是由和仁的一位资深成员起草和撰写，后来惠民独立注册之后，便开始自己接手计划书撰写等这些机构事务。那个时候，发明对于机构的运作和管理可以说是一窍不通，说他是一张白纸一点不夸张。当时的他还不怎么会用电脑，打字写东西更是不行，他经手的第一期项目计划书我们来来回回改了六七回，他交上来的第一稿根本就是毫无重点。

在王发明的记忆中，除了以前上学写作文以外，这几十年他几乎没怎么动过笔，更别说写项目计划书，他连正式的计划书长什么样子都不知道。李敏耐心地跟王发明沟通每一个版本的项目计划书，一点点地教王发明应该怎么写，计划书的写作逻辑是什么。好学的王发明仔细研究修改前后的计划书，总结出写作的规范性和专业性技巧，反复研读李敏反馈给他的每一处修订，由于打字速度很慢，他时常为写计划书熬到深夜。现在的王发明已经能够独立撰写项目计划书，虽然还是觉得有点力不从心，但是再也不会像开始那样感觉无从下笔，修改的次数也越来越少。

除了写作能力的提升外，王发明的表达能力和沟通能力也在与乐施会项目官员的日常工作交流中得到了极大的提高。王发明原木是一个不太敢在正式场合跟人说话的人，每次汇报工作的时候，他的脸就涨得通红，说话结结巴巴，虽然心里有想法，却不能有条理地表达出来。可是在乐施会项目官员的要求下，他们每周都会进行电话会议，有时候一说就是几个小时，项目官员"逼"着王发明大胆表达，引导他有条不紊地表达观点，在这样的"逼迫"下，王发明的胆量练出来了，表达的欲望也逐渐增强，现任项目官员丽杰常常"笑"王发明："他现在可能说了，一说说两三个小时，也不结巴了。"

乐施会一直很重视合作伙伴的能力建设，它不仅提供各种学习培训的机会给惠民，还会从宏观层面在项目中设计能力建设的子项目。在财务危机之后，乐施会意识到惠民的财务管理能力迫切地需要提升，只有具备独立的财务管理能力，才能避免日后这种危机的发生。于是，惠民不仅聘请了专门的兼职会计，王发明还自学财务知识，仔细核对每一次上交的票据和账目。最近，机构成员还报名参加了财务管理的培训班，争取做到"财务自理，风险自担"。

除了乐施会的工作人员以外，贵州当地的和仁团队在惠民的项目申请和日常工作运行方面同样给予了很大的支持。贵州和仁团队是乐施会在贵州支持的另一家机构的团队，它致力于乡村治理和发展，与乐施会已经合作多年，具有丰富的机构管理经验。在乐施会的委托下，和仁团队成为惠民在当地的合作伙伴和督导，和仁团队的吉家钦老师在惠民创办初期反复与王发明沟通，教他如何将自己的工作思想转化为计划书，以及如何规范地开展机构的日常工作。每当惠民有什么新的想法或者遇到什么问题，王发明都会跟和仁团队的老师们商量讨论，寻求意见和建议。在惠民开展生计支持项

图 9　惠民组织大家外出学习种鹅养殖
摄影：惠民互助服务中心

目的过程中，和仁团队下面的狮山昌农合作社在农业生产与养殖方面给予了惠民很大的支持和指导，种鹅养殖的开展便是受益于合作社的资源。

地方民政部门也在政策上给予了惠民一定的支持。惠民在创办初期并不具备法律认可的资质，在地方民政部门了解，并获得其信任后，惠民正式向民政部门申请成为民办非企业单位，于 2013 年下半年完成合法登记。在返乡工伤者/残疾人的创业支持方面，民政部门的工作人员积极向惠民传达相关优惠政策，在双方的协作努力下，社区成员阿喜和阿东分别获得了 2000 元的补贴。

乐施会发展草根组织的宗旨，一方面是让草根组织服务社区群众，令其得到发展，另一方面也是期望在草根组织的运作过程中促进像王发明这样的组织者的个人能力建设。此外，乐施会还在思考王发明的成长是否具有复制性，是否能够在返乡工伤者或者其他类似的草根群体中发现更多的王发明，在鼓励与支持他们创办自组织机构，实践"同类人帮助同类人"的服务模式的同时，实现组织者的自我能力建设和赋权。但是，在思考这种草根自组织的复制与推广，以及草根组织者能力建设的同时，我们不能忽略很重要的一件事，那就是组织发展背后的支持力量。从长期的行动干预实践来看，社会支持力量是草根自组织得以维持和蓬勃发展的必要因素，我们不能脱离这些社会资源来空谈草根组织的建设与组织者能力发展。因此，乐施会与惠民期待更多的社会力量关注和参与草根组织的建设与发展，星星之火，可以燎原，一棵小草也可以冲破地表，茁壮成长。

返乡工伤者个案扶持：
惠民，如父如兄

　　在遵义县南白镇的中心区域有一家北京华联超市，每天前来购物的顾客络绎不绝，可以说是南白镇最热闹的商业区之一。在超市的无购物通道处，有一个穿着白色衬衫，蓝色工装裤，站得笔直，精气神儿十足的小伙子，面带微笑向每一个从此通道出入的顾客问好，认真检查顾客手中的购物小票，他这一站就是近8个小时。

　　这个小伙子26岁，大家都叫他小施。我们问他一天这样站着累不累，他腼腆地笑着说："不累。"在休息的空档，我们走到休息区闲聊，那里只有一条长凳，我们随行的人又比较多，他善意地招呼我们坐在椅子上，自己则继续站在一旁。如果不是王发明事先告诉我们他的故事，我们怎么也想

图 10　在超市上班的小施
摄影：石鸣

不到他的身体遭受了那么大的创伤，长时间的站立、走路、说话对于他来说都很困难。

一场车祸，美梦幻灭

小施很小的时候父母就离异，他与父亲一起生活，性格暴躁的父亲崇尚"棍棒底下出孝子"，稍不顺心便会对小施和他的哥哥、姐姐拳脚相加。缺乏有效沟通的父子关系一度非常糟糕，慢慢长大的小施盼望能够早日离开这个家，摆脱无法和谐相处的父亲。后来，他外出江苏打工，自食其力，一个人的生活很惬意，他期望可以通过自己的双手在那里扎根，成家立业。

2012 年下半年，小施下班之后骑着摩托车在一个交叉路口遭遇车祸，被一辆大货车撞出了数米远，他的腿部、腹部、颈部均受重伤，因为手术需要，喉部也挨了刀子，所以他不但丧失了部分的行动能力，说话也受到了很大的限制。一般情况下，他走路不可以走得太快，说话也比较慢，显得有些吃力。

原以为可以逃离那个冰冷的家，但是一场车祸又将他送回到那里，日日与不懂如何表达爱与关心的父亲四目相对。小施说他与父亲可以整日一句话都不说，因为不知道说什么。周围的同龄人不是在外面打工，就是在忙自己的事情，没有人愿意与小施交谈，他仿佛生活在一个只有他自己的孤岛上，因为受伤而带来的内心压抑、绝望、恐惧无处诉说，他更加不知道未来的生活应该怎么维持。

> 我的身体渐渐好了以后，我每天就在家里做一些家务，你不能在家坐着什么也不做，就吃闲饭吧。没有人跟我说话，我也不敢去跟人说话，因为我说话很慢，我怕别人看不起我。有时候我走在路上，村里的人都在背后悄悄地指着我的后背说我这是自找，我都当作没听见，谁让我年轻的时候那么张扬。我的父亲在外面听见人家的话，回来心情就会不好，对我也很粗暴。我很想找人聊聊天，给我出个主意，我以后该怎么办，以前在外面打工认识的朋友现在都不怎么联系我，我在 QQ 上面跟他们说话，他们很久才回或者干脆不回。所以，我常常一个人跑到山头上待一天，那样还好受一点。

一张宣传单结的缘

2014 年的一天，小施的父亲去尚嵇镇赶集回来，带回了一张惠民的宣传单，小施随手拿起来看了一下，虽然没有明白惠民是做什么的，但是他留意到了王发明留在上面的 QQ 号，出于好奇，他在手机上加了发明的 QQ 号。

> 一开始我只是想找人跟我聊天而已，我没有去想惠民是个什么机构，我也没有想过说要去咨询什么，只是单纯想找个人跟我聊天，试一下运气而已。

小施在 QQ 上跟王发明说了他的车祸遭遇和现在的处境，王发明邀请他到惠民坐一坐，看一看，可是长时间没有一个人出门的小施产生了顾虑，他不但没有去惠民，还删掉了王发明的 QQ 号。"当时他说的那些我都不懂，我就是担心会遇到骗子，所以就删了他的 QQ 号"。

长期的社工工作经验直觉告诉王发明，小施目前陷入了车祸后的封闭状态中，他迫切需要外界的力量带他走出那个孤岛，重新规划他的人生。于是，王发明重新加了小施的 QQ 号，一有空就主动在 QQ 上与他聊天，跟他讲述自己工伤的故事，以及他所接触的其他工伤或残疾朋友的正面故事，鼓励小施走出家门，加入惠民。可是，小施仍然无法做出决定，对于外面的世界他有些退却。

几个月之后，一次偶然的机会小施的母亲知道了惠民这件事，她鼓励他到尚稽去看一看，于是他们一起来到惠民，QQ上聊了很久的两个人终于在现实中见面，王发明也第一次完整地听到了小施的故事，并且迅速地做出干预决定，建议小施积极参与惠民的小组活动，并且承诺带他一起进行工伤家庭的探访工作，如果担心时间和交通问题，惠民愿意免费为小施提供在尚稽的住宿。

> 跟他在QQ上聊了那么久，然后也见了面，我感觉到他很自卑，他极度缺乏正常的人际交往，当然这种状况不完全是他个人的问题，而是因为残疾使他被迫丧失了社会交往。所以我就想我们惠民要做的就是一点点地帮助他重新建立人际关系，让他走出来多看看，多听听，其他的工伤工友或残疾朋友是怎么应对残疾生活的，他们的故事，我想能够帮助到他。所以我才提出让他跟着我们，像做志愿者一样的，其实也不需要他做什么，（只是）一起去工伤者家庭探访，多认识一些朋友。

就这样，每次有活动的时候，王发明都会电话通知小施过来参加，慢慢地，小施一有时间或者有什么困惑，就会自己跑到惠民来，虽然他基本不怎么说话，但是他总是愿意坐在王发明身边，听他与其他的工伤朋友聊天，一待就是一整天。

王哥比我亲爸爸、亲哥哥还要亲

小施把王发明当成自己的兄长，每当自己有什么新的想法，或者遇到什么难事，他都会第一时间在 QQ 上跟王发明说。他这样评价他与王发明的关系："我很敬佩王哥，他比我自己的亲爸爸、亲哥哥还要亲。"我问他为什么这样说，他的回答出乎意料："我每次在 QQ 上找他，他都会第一时间回我，无论什么时间。"小施的回答让我对社工工作有了一个新的认识，惠民的每一个工作人员对于这些返乡工伤者来说，最大的意义不在于给予他们多少物质支持，给他们送去多少生活用品，而在于心灵的陪伴。受伤后的生活固然艰苦，但是内心的荒芜、空虚更加令人恐慌，王发明、任姐以及惠民每一个人都意味着一种"同在"，对返乡工伤者而言，这种理解、平等、陪伴让他们在受伤后的混乱时空里不会那么害怕、孤单。

> 我家里有什么事，不管大事小事，我都会找王哥商量，我不找我爸，也不找我哥，我就相信王哥。可能有时候他并不能帮上什么忙，但是有他帮我分析一下，我也觉得更踏实一些。

在这之后，小施爱出门了，因为他有地方可去，有人可找。因为他说话能力还没有完全恢复，所以他仍然很少与其他工友交流，只是傻傻地在边上站着、笑着，听别人说话，他告诉我："多听别人说的，也能获得很多知识。"他常常在 QQ 上跟王发明讨论他的未来，他不知道该怎么规划未来，因此，王发明邀请一些能自力更生的返乡工伤者跟他交谈，为他提供了养殖、机械维修、家电经营等生计门路和学习机会，但是都因为小施个人的原因而中断。王发明多次在QQ上指出他的问题，建议他从小事做起，不要怕吃苦，小施听了王发明的批评，不但不生气，还感到特别高兴："王哥给我提出这些批评都是为我好，换了其他人，根本不会跟我说这些。"

慢慢地，小施越来越开朗，他不再因为自己走得慢、说话不利索而感到自卑，反而正视自己身体的限制，想方设法锻炼自己的说话功能，并且慢慢地愿意在集体讨论中表达自己的看法。

我受了伤，走路走不快，说话也不是很流利，这是事实，我也不想，但是我要接受它，慢就慢点嘛，不要紧。我在家买了个话筒，没事儿就拿起来说话，我相信只要多说，我说话的能力会提高的。如果别人嫌弃我走得慢，说得慢，那也不能怪人家，因为的确耽误人家嘛，他们也没有恶意。不过呢，我想说的我还是要说，如果你觉得我说得慢，不想听，那你就不听好了，但是我还是要说。

我太喜欢这份工作！

2015年6月，王发明在QQ群里发了一条招聘信息，超市保安部招聘一位残疾朋友，远在江苏的小施看到这则信息非常兴奋，连夜坐火车赶回遵义。王发明陪着他去超市面试，主动与超市主管人员交流小施的情况，最终他成功地应聘上了这个职位，于是，我们就看到了文章开头的那一幕工作场景。

工作确定后，王发明陪着小施到南白镇到处寻找便宜的房子，希望能够尽量帮助小施降低生活成本。在朋友的协助下，王发明与小施看中了铁路下面一处平房，每个月房租仅100元，虽然离上班的地方有半个小时的脚程，但是公共交通的便利，以及残疾人乘车免费的优惠政策使得小施对这个地方十分满意。6月28日，小施穿着超市为他定做的工作服正式上班了。

他在保安部的工作为轮岗制，第一个岗位是仓库办公区的来访登记岗，负责对来往进出的人员进行登记，检查出入此处的顾客的小票；第二个岗位是无购物通道岗，一天通常站七八个小时，负责提醒顾客购物结账；第三个岗位是收货部岗位，负责登记、清点进库的货物。在工作时间上是三班倒，早班是7点半到下午3点，下午班是下午2点半到晚上9点，晚班是晚上9点到第二天早上8点半。

小施说他在这里的每一天都非常开心，"因为我每天睁开眼睛就知道我有事要做"。他早上起来收拾好屋子，整理好衣着便出门，到超市吃早餐，然后开始工作，午餐也在超市解决。"我入职的时候105斤，现在都125斤了，超市的工作餐比较均衡，比在家里吃得好。"碰上值下午班的时候，下班后公交车已经停运，小施总是一个人走半个多小时的夜路回家："不害怕，也不觉得累，工作站一天或者坐一天，这样慢慢走一走还能锻炼身体。"

工作之后的小施变化非常明显，除了他自己提到的身体变胖以外，他的精神面貌也比以前好了很多，更爱笑，更爱与人交流，并且他还能够积极、正面地对待工作与生活中的每一件事。他的主管领导告诉我们，他刚来的时候都不太跟人说话，工作的时候也迷迷糊糊，但是现在会开玩笑了，工作也不出错了，与同事的关系也很融洽。小施说他很喜欢这份工作，虽然只是一个小小的保安，但是能够让他自己养活自己，他不用再待在家里看父亲的脸色，而且在这里工作的每一天都能够学到东西，见到的人多了，了解的优秀的人也多，眼界也开阔了。

　　我对这份工作很满意，所以我很感谢王哥。这份工作虽然工资不是很高，但是我工作三个月就攒钱买了一台电脑，现在的年轻人没有电脑是不行的。我一个月1700元，超市为我缴社保、医保，保险扣190，房租100，吃饭也大部分在超市吃，所以每个月我都能省下一些钱。我不但可以养活我自己，不让我妈妈担心，我每次回家还能给我父亲100元，当是孝顺他。我现在就想好好工作，业余时间也可以学一些销售知识，一来锻炼我的说话能力，二来也为将来的发展多学些东西。

看到小施充满希望的眼神，王发明与任姐心里乐开了花。王发明说这份工作对于小施来说，不单单是他的一个生活保障，也是他的精神寄托。有了这份工作，他的生活变得有目标了，他每天醒来知道要去哪里，这种可控感是每一个返乡工伤者梦寐以求的。

　　我们离开超市时，小施坚持要送我们出去，王发明拍着他的肩膀说："好好干，后面的日子就要看你自己的了，有时间就来惠民。"无助困惑时，惠民像一盏明灯，星星光点，不离不弃；好高骛远时，惠民犹如一条鞭子，令其幡然醒悟。惠民，如父如兄，即为如此。

　　返乡工伤者的个案扶持一直是惠民的工作重点，在五年的时间里，惠民服务过的返乡工伤者数不胜数。它深入工伤者的家庭生活，与他们建立起家人般的亲密关系，帮助他们摆脱工伤残疾的阴影，重新站起来做一个自立自强的人。另外，惠民还通过各种手段与外界建立联系，为有条件的返乡工伤者提供再次就业、重新发展的机会。从几年前的莎莎到现在的小施，他们无不是在惠民的支持下，才重新找到新的人生价值和人生目标。

　　除了介绍工作之外，惠民还注重返乡工伤者的能力建设，多次为返乡工伤者提供外出培训、学习、参观的机会，返乡工伤者阿进在惠民的推荐下参加了返乡青年创业培训，在培训会上，所有人都看到了阿进的巨大变化：他终于愿意伸出自己残疾的手跟人打招呼了，培训回乡之后的阿进在乐施会和惠民的支持下，积极投身于村庄的管理与发展，尝试走出一条可持续的工伤者发展之路。王发明说，"每一次视野的拓宽、新知识的接触，都代表着一次新的成长机会的来临。我们惠民不能只是给予他们某些具体的救济，我们需要培养返乡工伤者们独立生存的能力，这才是持久的支持"，这应该就是惠民作为一家发展机构践行"发展"的微观体现吧。

家庭关系调解：我仿佛多了一个女儿

　　李妈妈，70多岁了，面容清瘦，白发苍苍，脊背佝偻，接近耄耋之年仍然躬身劳作，任姐说好多次他们都是在高山上的土地里找到李妈妈的。李妈妈现在与最小的儿子阿虎生活在一起，阿虎年轻的时候在贵阳打工时左腿被钢管砸断，李妈妈一直放心不下他，放弃其他儿子的赡养与阿虎相依为命。

　　早上8点，王发明与任姐带着在早市买的新鲜肉一起驱车去李妈妈家，因为前一天晚上阿虎给任姐打电话邀请大家去他家吃饭，他说这是老人家的意思。我们刚进村，停好车子，就远远地看见半山腰的一棵硕大的枇杷树前伫立着一位身着蓝色单襟扣布衣，戴着白色素帽的老人，看见我们的到来，她喜笑颜开。任姐快速朝前走，在她身后的我看见她一走近李妈妈，马上给了她一个大大的拥抱，李妈妈拉着任姐的手说："闺女，你来了。"

枇杷树后的一栋木质房屋就是李妈妈一辈子生活的地方，她在这里养育了四个子女，送走了她的老伴，如今就剩她与残疾的阿虎守着这座老宅。她拉着任姐进了堂屋，安排她坐下，便马上开始收拾厨房，说是要给我们做饭，惠民的两位工作人员马上接过她手里的铲子和菜刀，跟她说："阿姨，今天您别忙，厨房就交给我们了。"劈柴、生火、洗锅、切肉、炸油，今天炸的一锅猪油几乎够李妈妈与阿虎一年所用。王发明说："我们能做的就只有这些了，她邀请我们这么多人来吃饭，可能她过年的时候都没有这么多人一起吃饭，我们不忍心看她一个老人家忙上忙下，所以今天这顿饭就由我们做给她吃吧。"

我的儿子，我怎么可能丢下他！

阿虎是家里最小的儿子，小时候家里条件不好，从小他们姐弟几个就学会了自己照顾自己。16岁那年，也就是1997年，阿虎跟着村里人到贵阳某厂打工，一次偶然的事故中，阿虎的左腿被掉落下来的钢管砸断，当时鲜血一直沿着水泥地流。李妈妈和李爸爸在家里听说儿子出了事，都以为阿虎离开人世了，在家里摆上灵堂，邀请亲友为其吹唢呐送行。令他们欣慰的是，阿虎并没有死，他们不用白发人送黑发人，但是左腿残疾的阿虎同样让他们痛心不已。

为了凑够去贵阳的路费，李爸爸贱卖了家里最为值钱的牛和马，没有了重要的劳作工具，家里的生活一落千丈，原本在村里还算不错的家庭陷入困顿，不但面临饥饿的考验，同时还要忍受村里人的冷嘲热讽。阿虎出院回家康复的那段时间里，李爸爸和李妈妈为了给阿虎提供更好的康复条件，把家里不多的白米留给阿虎吃，他们仅仅吃一些麦沙果腹。一提起这些往事，阿虎总是非常自责，他认为如果不是他的工伤，他家不会沦落至此。所以，阿虎总是比其他同龄的健全人更加勤奋、吃苦，为的就是不让别人瞧不起。

家家有本难念的经。李爸爸去世以后，阿虎的几个哥哥要求李妈妈跟着他们一起过，但条件是她不能再管阿虎，如果她坚持要管阿虎，他们就不再负责老人家的赡养。阿虎多次劝说李妈妈去条件好一些的哥哥们家颐养天年，但是李妈妈不愿意："他是我的儿子，他的腿又是那个样子，你说我怎么能把他一个人丢在这儿不管呢？哪怕有个人帮他看个门，做顿热饭也好啊。"就这样，哥哥们与阿虎也少了往来，他们每年象征性地给李妈妈一点生活费，弟兄之间的亲情日渐淡薄。可贵的是，阿虎非常能干，他虽然只有一条腿，但是上山下水，全都难不倒他，走起山路来他如履平地，比我们快许多。他凭借自己的智慧、勤劳，努力支撑着他与妈妈的这个小家。

因为惠民，我的儿子改变了

阿虎出院回家后，性情大变，他变得暴躁，容易生气，不愿意跟家人说话，只闷着头做事。李妈妈的关心之举，常常被阿虎一棒子打回，用李妈妈的话来说，就是"跟她没有一句好话"。2008 年，王发明在第一次回乡摸底调查时就认识了阿虎，在后来的工伤探访中，阿虎家也成为王发明与任姐重点探访的家庭之一。

　　多次的到访令李妈妈与任姐建立了很深的信任与情感，每一次的探访活动基本都成为李妈妈与任姐的"小话会"。李妈妈向任姐抱怨阿虎受伤后脾气暴躁，常常令她伤心。任姐一方面宽慰李妈妈，用自己的亲身体验向她解释返乡工伤者内心的真实感受，希望李妈妈能够理解阿虎的行为和情绪；另一方面，任姐在小组活动中，或者通过电话，多次疏通阿虎的情绪，帮助他正视工伤残疾这个事实，珍惜身边关心他的人，表达他对母亲的爱与感恩。王发明也为阿虎提供很多在外学习的机会和谋生的方式，希望能够帮助他找到人生目标，减少他的压力。

　　　　李妈妈跟我讲了这个事情之后，我就记在心里。平时只要看到阿虎，或者是打电话，我都会跟他说，李妈妈年纪大了，她为什么不去跟你的哥哥们一起生活，要跟你一起吃这个苦，我想你比我还清楚。你不要觉得她给你增加了负担，你想一想如果家里就你一个人，你回家来没有一个人给你留盏灯，给你做好热饭，你多么孤独。我们很清楚受了工伤的人心里有多苦，但是作为男子汉，心里有苦不能往老人身上撒气，她对你是无私的爱，你让你负面的情绪伤害到她，你会不会开心？

在与任姐多次沟通后，阿虎渐渐不再那么冲了，他能够平心静气地听李妈妈说话，即使老人家说的话听着会有些不舒服，但是他可以理解她作为母亲的爱的初衷。"任姐老是跟我说，对我李阿姨好一点，否则就对我不客气。所以你说我哪里还敢嘛。"阿虎开始懂事地体贴李妈妈，担心她的身体，为她买药，还送了她一双新鞋子。"现在好多了，跟我说话也不发脾气了，懂得关心人，长大了嘛。"说到这里，李妈妈笑着捂住嘴，那个笑容我永远都不会忘记。

在一次外出烧烤活动中，任姐强烈要求阿虎带李妈妈出来跟大家一起玩，想让老人家与其他老人一起聊聊天，开心一下。其间，任姐拿着相机给阿虎和李妈妈照合影，阿虎不

图 11　任姐、李妈妈和阿虎
摄影：惠民互助服务中心

家庭关系调解：我仿佛多了一个女儿　**075**

愿意，她强行把阿虎拽过来站在李妈妈旁边，咔嚓咔嚓，或许这是他们一辈子唯一的合影吧，照片中李妈妈和阿虎都露出了笑容，虽然他们还显得不是那么亲近。

什么话都只跟任姐说

任姐和李妈妈在院子里坐着聊天，阿虎一会儿磨刀，一会儿去菜地割菜，忙个不停。看着妈妈跟任姐聊得那么火热，他回头跟我说："她每次都要跟任姐说一大半天，她什么话都跟任姐说，而且只跟她说，有些都不告诉我。"

李妈妈告诉任姐家里的矛盾和纠纷，身为母亲的她不希望看到阿虎弟兄之间老死不相往来，于是任姐在一个偶然的机会看到阿虎的哥哥时，用委婉的语言劝说他多回家看看老人，父母恩永世不该忘记。李妈妈还会跟任姐说很多村里的事情，大多是哪位老人又突然离世，任姐听得出来李妈妈的弦外之音，所以她总是握着她的手安慰她："命数自有天定，可是有阿虎这么孝顺您，您的老年生活还长着呢，他还没结婚生子呢。"

其实老人家内心很孤独，虽然阿虎已经懂事了不少，但是男孩子始终不如女孩子，他不是妈妈贴心的小棉袄。所以李妈妈总是喜欢跟我聊天，什么都聊，开心的不开心的，她都想告诉我，其实我理解的就是她想找一个愿意听她说话的人好好地说话，平时的生活太苦了，太孤单了。我们惠民不能在生活上支持她很多，但是陪她说话，像女儿一样贴着她的心，我想我们还是可以尽力而为的。老人家要求的真的不多。

阿虎说任姐比他的亲姐姐还要亲，比他的哥哥姐姐们对自己的妈妈都还要好。很多次他们来探访时，听说阿虎和李妈妈在山上帮人砍木头，任姐总会细心周到地帮他们买好中饭带到山上。阿虎的哥哥见了都直感叹："任姐对我妈妈真的就像亲闺女对妈妈一样。"爱是相互的，所以每次任姐打电话说要到家里探访时，李妈妈总是很开心，而且老早就站在家门口等。虽然她常常过意不去，觉得每次都没有给任姐准备什么好吃的，或者什么礼物，但是她每次的依依不舍总能让王发明与任姐觉得人与人的真情胜过任何物质。

如果母亲百年归天，可否行女儿之礼？

晚上，阿虎给任姐打了一个电话，聊了很久。后来任姐告诉我，阿虎在电话中问她，如果李妈妈过世，想给她开一条长帕子（当地直系亲属的丧葬礼仪），任姐是否愿意。在中国传统文化里，只有至亲之人才能在老人百年后的丧葬礼上戴长帕子，一般都是亲生儿孙辈才有跪拜行礼的资格。阿虎说这是她妈妈的意思，可见在李妈妈的心里，她早已把任姐当成了自己的亲生女儿，或者比亲女儿还要亲。

我不知道该怎么回答，因为这是一个家族的一件大事。我很荣幸，阿虎这样问我，可以说是对我这么多年社工工作最大的肯定，我常说人心换人心，真的是这样的。李妈妈她把我当成她的亲女儿，并且愿意在百年之后把我当作亲生女儿一样来庇佑，我很感动。

李妈妈身体一直不好，或许她知道自己的大限之日已经不远，她时常后悔没有什么拿得出手的礼物送给任姐表示感谢，这可能是她老人家想到的最为隆重的感谢方式吧，她希望自己百年之后能够在天堂保佑任姐，给予她最大的庇护。任姐总是说自己并没有做些什么，王发明也常常因为机构的无能为力而感到无比难过，但是他们不知对于阿虎和李妈妈来说，并不需要什么特别的帮助，只要他们肯时时想起他们，像亲人一样，不辞辛苦来看看他们，听他们说说话，一起吃顿热闹饭，就够了。人是情感的动物，你付出多少，你是否真心，人们都能一一感应到，并予以最丰厚的回报。

我很感激王哥和任姐，我们认识也都七八年了，还记得王哥第一次来我家的时候，背个小包，他是一路走过来的。人家与你非亲非故，为什么要这么远跑来看我们？他们又不图我们什么，我们也没有什么好图的，可是他们一次次从这么远的地方来看我和我妈妈，自己的亲哥哥来看的次数都没有这么多。我知道他们是做好事的，是好人。所以滴水之恩，当涌泉相报，人应该要学会感恩。

闺女，下次什么时候还来？

吃过中饭，我们与李妈妈告别，她又送我们到那棵大枇杷树下，等我们走了一段路再回头看时，她还站在树下目送着我们。任姐不忍心，走回去拉着她的手与她再次告别，就这样她们一直握着手说了十多分钟。后来在车上，任姐告诉我们，老人家说她很不好意思，每次都没有给准备什么礼物，而任姐每次来都给她带礼物。她问任姐下次什么时候还来……见一面少一面，或许这是李妈妈心里想的吧。

　　车里一片寂静，大家都没有说话，我想每一个人心里都应该跟我一样，觉得沉重不已。作为社工，当他们深入每一个个案的内心世界中时，总是感受到那一份沉甸甸的责任，这份责任并非来自外在的约束，而是真性情所致。他们埋怨自己的力不从心，恼怒自己为什么不能做得更好，同时为某些遗憾感到深深的内疚。但是，在一位近耄耋之年的老人的最后时光里，他们有幸给予了她最珍贵的真情，不管持续时间多长，这都将是陪着她走向天堂之路的最美好礼物。

　　家庭支持理应是返乡工伤者获得的首要社会支持，但是在现实生活中，返乡工伤者往往面临紧张的家庭关系，工伤者个人的性格变化加上艰难的家庭生计等实际问题，使得家庭成员与返乡工伤者之间的关系变得不那么轻松。大多数返乡工伤者不但不能从家庭中获得支持，相反，紧张的家庭关系加重了他们的生存压力和心理负担。惠民意识到这一问题后，将返乡工伤者个人干预的工作延伸至他们的家庭，充当返乡工伤者与家庭成员的沟通桥梁，增进他们彼此的理解和关怀，为返乡工伤者的康复和个人发展营造一个充满爱的家庭环境，同时这也构成了他们日后重新融入社区生活的重要基础。

心理重建：请拿出你们的手

    阿贵家在新民镇岩门村的一条水泥乡道边，两层高的小楼，旁边还有一块二三十平方米的小院坝，几只小鸡在院子里悠闲地觅食吃。阿贵的父亲告诉我们，2008 年阿贵在浙江一家年糕厂打工时左手臂被绞进机器内，高位截肢，回到老家后养过鸡，但是遭遇鸡瘟，鸡都死光了；也跟弟弟一起承包过房屋工程，但是只有一只手的他觉得干起来很吃力，后来选择了放弃。他的父亲以及其他亲戚为他想了很多谋生的办法，比如父亲出资让他在村里开一家食品店，但是诸多提议都被他拒绝。如今阿贵在家里什么也不做，每个月只依靠 200～300 元的低保生活，他的父亲见到他破罐子破摔的样子，痛心不已。

    我们见到了阿贵本人，年轻、干净利索的小伙子，穿着一件紫红色的夹克，两只手揣在裤兜里，乍一看根本看不出来他的左手残疾。出于礼貌他邀请我们去家里坐坐，但是我们看得出来他并不十分情愿与我们交谈，整个谈话的过程他的手都没有拿出来过。王发明告诉我，几乎每一位手部受伤的返乡工伤者都用"伪装术"，他们要么把双手交叉，残疾的那只手收在里面；要么就穿长袖，将残疾那只手的空袖子揣在裤兜里。总之，他们不会轻易在外人面前露出他们残疾的部位，哪怕有时候伪装得并不那么自然。

伪装的痛苦

任姐说，他们进行了这么多年的工伤家庭探访，她有一个很明显的感受，就是每一个手部受伤的工伤者总是想尽办法隐藏自己的手，炎热的夏天，他们也是穿长衣长裤，即使穿了短袖，也会费劲地将受伤的那只手揣在裤兜里，于是任姐看见了他们渐渐歪斜的肩膀。

有一次我去一个工伤家庭探访，我刚走到他家院子里，就看见他两只手揣在裤兜里，那个肩膀都快掉下去了，因为他的手截肢了，本来就短了一截，为了把手揣进裤兜里，他就拼命将肩膀往裤兜那里靠，那个样子我真的看了就很生气。这样的情况很多，几乎是每一个工伤者都会这样，他们特别不愿意让人看见他是残疾，怕被别人嘲笑，可是我们本来就是受伤的人，为什么自己都这样看不起自己呢？所以我只要看到他们这样，我就会叫他们把手拿出来。

返乡工伤者们的伪装可以说是一种自我保护，这样的一种伪装能够暂时使他们远离鄙夷的眼光和窃窃窣窣的议论声以及这样那样的歧视与排斥。哪一个人愿意生活在伪装之下呢？为了使自己与家人免于因残疾而遭受的各种不公平对待，他们才"识时务"地隐藏起不被主流社会所接纳的污名符号，伪装成一个身体完整的健全人。但是，事实上无论如何伪装，也伪装不了他们内心的痛苦与绝望，甚至越伪装，越感受到主流文化定义中这不可改变的身体差异。

如何才能战胜黑暗？答案就是直面黑暗，走进黑暗。任姐坚持认为："承认、正视自己的身体差异，才是重新获得力量规划未来的基础，如果自己都像其他人那样认为自己的残疾身体是次等的，是低人一等的，那么继续伪装只会令自己越来越陷入生活的泥沼之中，因为你已经与那些人一样，成为压迫自己内心与精神的帮凶。"任姐认为在工伤探访以及平时的交流沟通中，引导返乡工伤者正确理解残疾、多维地了解外界对残疾的看法以及残疾人对身体的态度，重建他们积极、健康的心理，是他们社工工作的重点。

说服策略1：说我的故事

在与返乡工伤者的互动过程中，任姐最常使用的策略是说故事，说她自己的故事。她希望通过自己的亲身经历鼓励返乡工伤者：拿出你们的手，像我一样。

在刚受伤的那段时间里，我与他们一样也特别害怕别人看到我的手，一个女人手成这样了，你说是有多难看，所以其实手部伤口已经恢复得差不多了，我还是不愿意将手上的纱布摘下来。广州的天气特别热，手缠上纱布其实是很难受的，但是我还是不敢把它取下来，怕被别人看到，人家会笑。

　　有一天，我去一家复印店复印东西，那家老板娘问我，我的手怎么了，我说打工的时候受伤了。她又问我，手好了没有，我说差不多好了，她马上就说干吗不把纱布摘下来，这个天气多热呀。我说不敢取下来，太吓人，怕被别人笑。她当时说了一句话，我现在都记得，"谁会笑？如果那个人真的笑你，那就说明这个人有问题，这样的人你也没必要理他"。后来，这个老板娘告诉我她以前出过车祸，现在身上都还有伤，但是她不害怕，因为她并不是做什么坏事受伤的。她跟我说，她是为了家庭出来打工受伤的，这不是一件耻辱的事情。听了她的话，我觉得对啊，我受伤我自己也不愿意，我手残疾也没有影响到别人，他们为什么要笑我？我为什么要怕他们笑？谁爱笑就让他笑吧，我问心无愧。于是，我马上把纱布取了，以后出去跟别人玩，打牌什么的，我都不忌讳，如果有人问，我就老实告诉他打工被机器压的，这不是一件丢人的事。如果他嘲笑我，那是他丢人。

　　这个故事任姐说了很多遍，在与不同的返乡工伤者交流时，她总是不厌其烦地向他们讲述自己的故事：她刚开始如何与他们一样，遮掩、伪装自己的残疾，到后来她又如何重新认识自己的残疾和工伤，最后拿出自己的手，坦然应对。故事的力量是强大的，它可以让其他工伤者在这个故事里看到现实的自己，同时也看到那个他们内心实际渴望的自己，任姐的故事令他们开始反思自己的行为以及主流社会的舆论，这是行为改变的第一步——认知改变。

通过讲述故事，任姐传递了三个信息："第一，你们内心的担心与恐惧，我是理解，并且是感同身受的；第二，工伤残疾不是你们的错，它是你们为家庭奋斗、牺牲的见证；第三，社会环境的歧视与排斥是错误的，并不是你应得的。"这样的三点信息首先加深了返乡工伤者对任姐的情感认同；其次赋予了工伤的正义性，增强了工伤者对自我的价值认同；最后，对社会主流意识形态的批判，赋予工伤者"拿出自己的手"这个行为的自主性与正当性。

说服策略2：小组座谈——免疫接种法

除了个人对个人的故事讲述以外，王发明与任姐还组织了小组座谈会，如邀请返乡工伤者各自说一下自己返乡以后因为身体残疾而遭遇到的差别对待，同时批判分析这样不公平的社会意识与行为。

王发明与任姐带头发言，当引起大家共鸣时，其他的返乡工伤者纷纷附和，"对对对，这个我也遇到过"。就这样，大家你一言我一句，把这么多年因为身体残疾所遭遇的不公全部一吐而尽，就像是清理电脑内存一样。只有把心里那些负面的情绪全部清除干净，他们的心里才会有更多的空间去待人接物，去冷静地思考未来的生活。另外，一些意见领袖型的返乡工伤者在小组座谈中常常会传授一些自己如何应对社会歧视与排斥的方法，比如当有人在背后或旁边悄悄议论自己的残疾时，自己会主动把手拿出来给他看，并且告诉他自己如何受伤；当有人说他是"残废"时，他会有礼貌地回击道，"我只是残疾，但是我的头脑是好的，我没有废"；等等。

我们将这种座谈的工作方法称为传播学中的"免疫接种法"，即通过大家的集体抒发，将返乡工伤者因残疾所可能遭遇到的不公对待全部罗列出来，并且进行一一的批判与社会原因的剖析，当再次遇到这样的情况时，身体里已经有了相应的"抗体"，这就把这种不公对待对工伤者的伤害降到了最低，甚至是完全不受其伤害，并且能够适当地做出回应。这样的座谈会不仅能够更新返乡工伤者的"库存知识"，让他们了解各式各样的可能存在的社会不公，而且理解这社会不公背后的意识根源，并学会如何应对这些社会不公的技巧。另外，座谈会还能够在情感上给予返乡工伤者一种集体的归属感，在听了其他工伤者的讲述之后，几乎每一位工伤者都会有一种"原来不只我一个人是这样"的想法，这样一种"同类感"会加深返乡工伤者彼此之间的情感交流，并且产生一种"我们在一起"的安全感和可控感。于是，惠民实现了行为改变的第二步——情感认同。

说服策略3：仪式化行动

2015年5月的一次烧烤活动上，每一位返乡工伤者都玩得非常尽兴，这样集体出游的社会交往活动对于他们很多人来说，还是第一次。王发明说他们之所以策划这样一个活动，是因为他们深深地感觉到，每一个返乡工伤者的家庭自从工伤之后都处于一种极度孤独、紧张的状态中，他们丧失了日常的社会交往，为日复一日的生存问题焦虑而感受不到生活的快乐。他们希望这样一个小小的活动能够让其重新感受灿烂的阳光、清澈的河水、美味的食物以及炙热的人心。

在活动中间，王发明突然向几位同样是手部受伤的工伤者们提议："我们把我们受伤的手举起来，一起合个影吧。"虽然王发明的建议非常突然，但是在快乐的气氛中，大家都没有拒绝，而是开心地跟着王发明，将自己的手拿出来，举起来。就像我们平时照相习惯做剪刀手一样，他们也开心地做着这个动作，我看不到他们的手指，但是我看到他们自信的脸庞，那一刻，我轻轻地按下了快门，满是感动。接下来，有的工伤者还提议做一个团结的动作，就是大家围成一圈，把受伤的手拿出来，紧紧挨在一起做圆圈状，取"相互依靠，团结一心"之意。

那一天的活动中，我发现没有工伤者还将自己的手揣在裤兜里，他们拿出手来，自然地挥舞。拿出手合影的行为就像是一个仪式，它宣布了他们手的自由，同时也象征着他们内心的自由。虽然在王发明与任姐的努力下，返乡工伤者已

图 12 拿出你的手!
摄影: 惠民互助服务中心

经改变了过去自己对残疾的认知与态度, 但是他们的行为要想产生改变, 必须在一个具有感染力的情境下, 受到外力推促才能有。

这些工友们压抑太多年了, 在现实面前他们真的害怕, 所以他们不太敢像我们那样去打破常规, 去反抗不公, 毕竟这个成本还是比较高的。虽然他们的内心都很渴望自己的手能够像普通人那样, 自由地暴露在世人面前, 我们平时跟他们交流说的那些道理他们其实也都懂, 但是一回到日常生活中, 他们就会缩回去。所以,我们安排这样一个活动，就是在模拟日常交往和活动的情境下，推他们一把，让他们不得不拿出自己的手。一旦他们冲破了心里的那道防线，享受到手的自由，他们以后就不会再有那么大的顾虑，再把手隐藏起来。

拿出你们的手，做内心完整的自我

如果要问惠民做了什么轰轰烈烈的大事，或许王发明与任姐也答不出来。他们的工作总是在那一言一语、一颦一笑之中，对于他们来说，健康、完整心灵的重建就是需要他们年复一年、不懈努力的"大事"。任姐说，在他们的努力下，她看到很多以前总是把残疾的手藏起来的返乡工伤者把手拿了出来，夏天穿上了短袖，跟她开玩笑时，也会用自己残缺不全的手拍拍打打。说到这里，任姐笑着用自己的手在我的身上拍了一下，说："你看，就像这样。"那一刻，自信的人最美丽！

挑　战

自信的形成离不开成长过程中每一次的挑战，而挑战似乎总是逃不过失败与成功这两种结果，失败令人沮丧，也让人斗志满满，成功令人兴奋，但又平添忧虑。

家庭探访和个案疏导工作轻车熟路之后，惠民接受新的挑战——返乡工伤者的生计发展项目。几次尝试，几次失败，屡败屡战，这就是勇士精神！

生计支持：授人以鱼不如授人以渔

　　生存是横亘在返乡工伤者面前的一座大山，他们就像西西弗斯一样，日复一日地爬行在大山上，几乎看不到翻越的希望，然而这种看不到希望的痛苦远远大于生存问题本身。

　　惠民所接触的返乡工伤者绝大多数是男性，他们在身强力壮的时候离开自己的老婆、孩子、家庭，前往南方工厂打工，希望有朝一日能够挣了钱回老家盖一栋像样的房子，供自己的子女接受最普通的教育。但是，工伤的噩梦降临，身体的残疾使他们丧失了在城市打工的资本，他们带着痛与恨回到农村，原本充满希望的家庭一下子陷入绝望的境地。劳动能力的丧失或削弱使返乡工伤者无力再承担起家庭顶梁柱的角色，而且不友好的社会环境为他们的生计发展带来了各种各样的障碍，一时之间整个家庭的温饱、健康与教育问题压得返乡工伤者抬不起头。

　　然而，返乡工伤者作为一个特殊的残疾群体，在当地所能获得的政策支持十分有限。针对有劳动能力的农村残疾人群体，国家相关政策可以大致分为两类。第一类，救济类扶贫政策。针对无劳动能力但同时符合低保标准的对象，民政部门通过"四保一救"（低保、新农合、新农保、保障性住房和救助救济）农村社会保障政策向其倾斜，为其提供制度性保障，满足其基本生活、基本需求和基本保障，提高残疾人的福利。第二类，开发式扶贫政策（也称扶贫发展类政策）。针对有劳动能力的扶贫开发对象，国家的主要政策措施包括：为农村残疾人提供实用技术培训，提升发展能力，促进生计改善；提供康复扶贫贴息贷款，建立农村残疾人扶贫基地，促进残疾人就业或创业。但是，有研究发现，在贫困地区，现有开发式扶贫政策覆盖的受益人群很有限，农村残疾人扶贫基地数量非常少，并且申请条件门槛较高，大量有劳动能力的残疾人难以从中受益[1]。在政策支持相对缺位的情况下，返乡工伤者的生计发展落到了本来就脆弱不堪的返乡工伤者个人与家庭肩上。因此，乐施会与惠民才提出，民间组织有必要将有能力的返乡工伤者的生计发展纳入到机构工作当中。

---

[1] 参考乐施会农业和扶贫政策团队与中国残疾人事业发展研究会（中残联研究室主管）、中国人民大学残疾人事业发展研究院共同开展的连片特困地区贫困残疾人研究。

通过长期的家庭探访，王发明从返乡工伤者的语言与实际生活中体察到他们生存的艰难与悲观的心态，他意识到重建返乡工伤者积极健康的心理不能只停留在精神层面上，它很重要，但它不是全部，精神层面的自强需要落实在现实生存中才能让他们更好地利用这股精神力量。于是，在第三期项目计划书中，王发明将生计支持项目作为重要工作之一。但是，如何对有劳动能力的返乡工伤者进行生计支持，改善他们的生存状态呢？这是王发明在这些年内思考最多的问题。

2011 年，在狮山昌农合作社的支持下，惠民将种鹅养殖引入返乡工伤者群体。合作社提供鹅种和技术指导，返乡工伤者负责喂养，然后合作社再统一收购鹅蛋销往外面的孵化场。当时有 12 户返乡工伤者家庭参与了种鹅养殖，最多的养殖规模达到 200 只幼鹅，在销售高峰期每一个鹅蛋能卖出 3 元钱的高价，因此第一年种鹅养殖户几乎家家挣钱，但是第二年由于购买鹅蛋的孵化场因经营不善关闭了，种鹅养殖发展之路严重受挫，大部分养殖户选择退出，种鹅养殖项目宣告失败。

2012 年夏天，惠民又带着返乡工伤者代表前往重庆考察集体豆瓣作坊的运作，学习了豆瓣的制作技巧。回来以后，惠民组织返乡工伤者进行小规模的豆瓣制作实验，结果不是很乐观。工发明与返乡工伤者讨论这种集体生产模式的可行性，多数返乡工伤者的积极性没有被调动起来，豆瓣作坊的集体运作模式同样没能实施。经过几次尝试，王发明慢慢地意识到，相较于个体发展的模式，集体生产的生计发展模式并不适合目前惠民互助社区中的返乡工伤者，因为每个返乡工伤者的家庭都面临非常严重的生存问题，他们一天都不能耽搁，个体生存的无法保障使得他们无暇也没有信心投身于集体生产，而惠民也无法应对因为集体生产而产生的个体风险。因此，在深思熟虑之后，王发明还是决定以个案的方式来继续开展生计支持项目，通过改变个体生存状态激发返乡工伤者的生存信心。

授人以鱼？授人以渔？

通常来说，生计支持最直接的方式就是发放一定额度的资金，这也是最简单的做法。但是，王发明认为贫穷是返乡工伤者长期面临的问题，惠民一时一次的资金支持对他们这种境况来说是杯水车薪，钱用完了，他们的状态依旧不会有所改变，而且还有可能让返乡工伤者形成依赖心理。要想改变返乡工伤者的生存状态，必须唤起他们对自己劳动能力的信心，只有依靠他们自己的力量，才能从根本上改变境遇。

> 我们都是农村出来的，农村人靠什么谋生？靠的就是我们的劳动，返乡工伤者们之所以现在生活困难，就是因为工伤使他们丧失了部分的劳动（能）力，使他们不再相信自己的劳动还可以换来好的生活。所以我觉得我们的生计支持项目不能是那种发钱救济的形式，救急不救穷，而且我们一年就那么一点资金，也救不了多少。我们希望惠民的资金能够支持到他们的劳动上，鼓

励他们投身于生产当中，一分耕耘，一分收获，我认为生计支持最重要的是就是要给他们希望。

授人以鱼还是授人以渔？王发明对这个问题已经思考得非常深入，他在长期的探访工作中对此有很深的体会，很多返乡工伤者虽然身体有残疾，但是他们的劳动能力并没有完全丧失，只是说不及从前，如果惠民能够对他们的劳动方面进行支持，鼓励他们进行农业生产，一来可以保障他们最低的生活水平，二来也可以恢复他们对自己能力的信心，为他们的生活带去一丝希望。给他们一条鱼不如教会他们钓鱼的方法，支持有劳动能力的返乡工伤者恢复劳动信心，鼓励农业生产，自给自足，自食其力，这就是惠民生计支持项目的核心理念。

图 13　养猪能手阿禄
摄影：石鸣

种子资金，支持农业生产

种子象征着希望，一年的辛勤劳动将换来一年的收成。惠民将生计支持的资金用于购买劳动资料，为返乡工伤者提供一条最踏实的生存之道，鼓励返乡工伤者用自己勤劳的双手创造生活。另外，在农业生产过程中，惠民还提供各种生产信息与物品以提高工伤者的劳动效率，降低生产风险。惠民将这笔生计支持资金称为"种子资金"，它与政府的救济金不同，惠民将这笔资金用来支持返乡工伤者及其家庭的农业生产，是为了鼓励他们通过自己的劳动来发展家庭，证明自己虽然残疾，但是仍然具有劳动能力，而不是等着救济金度日。

在农村的农业生产中，最常用的生产资料就是农作物／养殖物种子、化肥、生产工具等。一定数量的劳动资料加上返乡工伤者的劳动、惠民的信息支持，最低程度地保障返乡工伤者的温饱问题成为可能。因此，惠民决定根据支持家庭的人口与生活情况，酌情资助适当数量的农作物／养殖物种子，包括玉米种、稻谷种、小猪仔，根据生产规模的大小补给适当数量的化肥，并且在有条件的情况下考虑资助一定价格以内的生产工具，如喷药机、铡草机、打米机，等等。

在农业生产（包括农作物种植与家畜／禽养殖）过程中，返乡工伤者总会遇到各种各样的问题，比如牛羊的常见疾病处理、稻田鱼的养殖方法、农作物的亩产量提高等，他们多是根据从上一辈那里承袭下来的经验解决问题，对于科学种植与养殖所知不多。所以，惠民在多次的走访，搜集相关的生产问题之后，在适当的生产季节，邀请当地农机站的工作人员或者经验丰富的农业生产能手来为大家进行科学知识的普及并开展交流活动，有针对性地解决返乡工伤者在生产过程中所遇到的问题。在交流会上，返乡工伤者之间会就各自的劳动生产进行介绍，彼此互相交流心得体会，传授各自的生产窍门，实现一种知识的交换与分享，促进劳动者共同进步。

建立指标体系，民主评选

2015 年 4 月，惠民二楼办公室聚集了前来参会的返乡工伤者以及部分行业内资深人士。这是惠民组织召开的第一次"返乡工伤者生计支持评定大会"，惠民希望采用民主投票的形式决定接受支持的返乡工伤者，以及支持的资金数量。

为什么我们一定要把大家都叫过来，一起商量评选呢？因为这笔钱虽然是我们向乐施会申请的，但是实际上它是必须要用在有需要的返乡工伤者身上的，当然我们工作了这么多年，对每一位工伤者的情况都有所了解，我们也比较清楚谁比较适合接受支持，但是我们不能这样内部决定，我们需要大家一起见证这个评选的过程，保证公平、公正。说实话，有需要的工伤者很多，但是我们的资金数量也有限，不可能人人都有，我们只能从中挑选，所以这个评选的过程需要大家来参与。一方面实现大家作为社区成员的权利与义务，另外也使大家对我们的生计支持项目有所了解，激起他们对生产劳动的热情，毕竟我们这个项目是支持具有劳动能力的人。

王发明在会场的墙壁上贴了三张大白纸，上面写明了本次评选的评估体系和候选人，他希望采用量化打分的方式对每个候选人进行评分，然后根据分数选出生计支持项目第一阶段最终接受支持的四位返乡工伤者。候选人的名单是来自惠民多年的工伤探访工作，他们初步选出了比较符合条件的六七个返乡工伤者家庭供所有参会的人员打分评选。评选的标准包括身体残疾程度、家庭收入、家庭负担、所获社会支持的程度、劳动能力水平五个方面，参会者对每一位候选人在这五个方面进行 1~5 的评分，根据一定的计算方法求出每一位候选人最终的生计支持得分，然后从中选出得分最高的四位给予支持。

在进行评选之前，被作为候选人的返乡工伤者并不知情，他们在参会现场才得知此事。王发明在现场公布评选的标准与方法，所有参会人员分成三个小组，指定一名小组长组织大家一起为每一位候选人打分。在打分过程中，小组成员进行充分的讨论，因为他们中的有些人对这些候选人有所认识，他们可以对候选人家庭的情况进行更充分的介绍，加深大家对他们的认识，以做出最公正的评价。每一位参会的返乡工伤者都认真履行着自己作为社区一员的责任。"我们

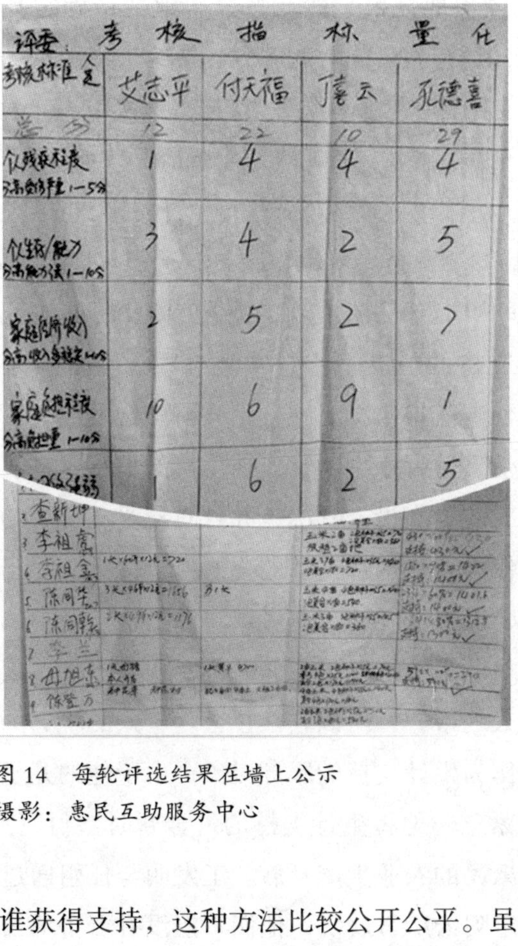

图 14　每轮评选结果在墙上公示

摄影：惠民互助服务中心

自己来选谁获得支持，这种方法比较公开公平。虽然我也是受工伤的，但是比我需要支持的工伤者还有很多，我很愿意与惠民一起去支持他们，我们大家本来就是一个团体。"

在确定好接受支持的人选之后，王发明作为惠民的代表向大家公布此次支持的金额以及衡量指标，尽可能将支持信息透明化，让每一位返乡工伤者参与到生计支持项目中来。惠民根据当地家庭生产和消费的实际情况，确定接受支持的四个家庭的土地规模，然后按照土地数量确定其所需的种子、化肥，具有养猪能力的家庭支持两头猪仔。

生计支持有一个步骤是发放资金，票据审核。由于惠民的工作人员并不了解农作物市场的实际情况，所以他们采用先行发放资金，后报票审核的形式进行生计支持。按照会上讨论的支持数目，接受支持者使用生计支持资金购买劳动资料，然后在规定时间内向惠民提供购买的票据，以及证明人的联系方式。

生计支持的最后一步是实地考察、监督。为了防止某些返乡工伤者谎报情况，在生计支持资金发放之后，惠民会定期到接受支持者家中考察农业生产的情况，核实劳动资料的购买情况与生产投入状况，并且对接受支持者的生产进行评估，以作为将来生计支持的重要考核标准。对于挪用劳动生产资金，谎报情况的工伤者，将取消他以后参加生计支持评选的资格。当然，社工工作并不是一成不变，因为它是一项服务于人的事业，所以它往往会随着人的境遇的变化而变化。阿云作为生计支持的服务对象，由于他的儿子从高处跌落，情况紧急，他将生计支持的资金暂时垫付医药费救急，导致承诺惠民的农业生产延后。王发明与任姐通过走访周围四邻，确定阿云所言属实，他们不但没有责备阿云，还鼓励他在条件允许的情况下实现承诺。

这种特殊情况的确有，我们生计支持项目规定这笔资金只能用于劳动生产，但是他的儿子的确那段时间从高处掉下来，摔到了脑袋，情况很危急，你知道像他那样的家庭，要一下子拿出医药费是很难的，所以他把这笔资金给他儿子付了医药费。从他个人角度来说，这是他控制不了的，他也不想他的儿子生病，他也很希望能够用这笔钱买两头小猪养到过年，所以在这种特殊情况下，我们就不能死守着规定不放，虽然这笔钱没有用到原先的规定的项目中，但是也救了他的儿子。我们社工的初衷本来就是帮助他们摆脱困境，其实这也算是达成目标吧。

惠民在不断的尝试中摸索着农村有劳动能力的残疾人（以返乡工伤者为主）的生计发展之路，不论目前效果如何，这都是对农村精准扶贫事业的一种有益探索。返乡工伤者作为农村残疾人中的特殊群体，在很大程度上他们不符合农

图 15　阿云一家坐在丰收的苞谷堆上
摄影：石鸣

村残疾人福利救助体系的救助条件，惠民的这种"同类人帮助同类人"的自组织模式是一种对现有政策的补充。它不仅能够实实在在地给予返乡工伤者缺失的社会支持，更重要的是，它所探索出来的这条发展之路能够为相关的政策部门提供难得的实践经验。

至今惠民的生计支持已经进行三轮了，获得支持的返乡工伤者超过十人。他们用这笔资金购买的玉米种早已获得收成，金灿灿的玉米粒收进谷仓，大部分作为牲畜的粮食，一部分作为下一年耕种的种子。希望也正如这种子一样，被播下土地，撒上汗水，将来会开花结果。返乡工伤者生活便有了着落，虽不富裕，但是他们开始相信，自己的双手仍然可以创造收成，由此脚踏实地，安心满足。

我们还没废：生产能手的精准支持

　　惠民本期生计支持项目的最后一轮是对返乡工伤者中表现突出的生产能手提供专项资金支持，以帮助他们进一步提高劳动效率，实现他们规模化生产的梦想，同时为其他返乡工伤者树立正面、积极的榜样。这是惠民在前几轮生计支持项目中获得的灵感，他们发现在有劳动能力的返乡工伤者群体中仍然存在不同类别的人，他们的需求不同，希望获得的生计支持也不一样，之前整齐划一的生计支持方式并不适合所有的返乡工伤者。

　　因此，惠民专门提出新的一轮生计支持项目：面向生产能手的精准生计支持。它主要是对那些具备较强劳动能力、具有较高创业意愿的返乡工伤者提供专项资金和配套的资源支持，让他们有机会在已有的基础上，整合惠民的资源，往更好的方向发展。此外，惠民也希望通过培养返乡工伤者中的突出生产能手，向社会大声宣告：我们残疾，但还没废！

阿坤和阿培就是受到支持的两位生产能手。

阿坤：正常人能做到的，我们残疾人也能

第一次见到阿坤，是在他自家的土地里。记得那天下午，太阳照在身上火辣辣的，没有一丝风，阿坤家门口的狗也懒洋洋地躺在地上打盹。我们的到来让这条大黑狗瞬间清醒起来，警惕地看着我们，并且不停地来回踱步。阿坤家的房子是一个破旧的木房子，看起来有些歪斜，正中堂屋的位置是空的，门口只用几块木板简单地遮挡起来，从外面就可以直接看到房子的内部，里面几乎空无一物，隔壁偏屋的门紧闭着。总之，跟旁边邻居的房屋比起来，他的家显得太不成样子。在他家邻居的指引下，沿着弯曲的山间泥路，我们找到了正背着喷雾器为玉米苗打药的阿坤。他的脸被太阳晒得通红，瘦削高挑的身体虽然看上去单薄，显得很健康，不仔细看基本看不出他什么地方受了伤。

2002 年前后，为了挣钱，为了三个孩子上学，阿坤到了浙江永康从事建筑方面的材料加工，干了七八年之后，他开始自己承包工程来做，一个月可以挣一万元，看上去一切都很好，他和他的孩子都能过上好日子了。但是，2011 年的一个早上，厂房爆炸，屋顶都被掀开，阿坤失去知觉，醒来后他才知道自己右手的大拇指、食指和中指已被切除，自己

的一只耳朵再也无法听到声音（我们说话要很大声他才能听见），另外他的脸部、腰部都进行了大面积的植皮，所以我们看到他的脸上有一些隐约可见的青色印记。

回到老家以后，阿坤重新拾起田地里的农活，现在他一个人种了5亩玉米地（收获的玉米用来做牲口饲料），3亩稻田，其中2亩稻田用作稻田养鱼的试点，除此之外，他还养了20多只羊，9头黄牛，在政府的支持下他还打算再增加2头牛，以达到政策规定的11头牛的规模。清明节前后是农忙季节，阿坤总是比其他人家提前10天栽种5亩地的玉米和鱼苗，然后收割菜籽，收完菜籽再种稻谷，种完稻谷，接着种菜籽。他每天4点半起床劳作，一直做到第二天凌晨，晚上地里光线不足，他就打着手电筒在地里干活，担心一只手电筒没电，还随身准备两个手电筒。他一个人干的这些活，几乎要别人家2~3个健全劳动力才能完成。

很难想象，一个受了工伤的人能够承担这么多的农活，他的右手只剩下最后两个手指头，可是他拿起镰刀收割农作物的速度一点也不比健全人慢。他告诉我们，残疾的右手并没有影响他劳作。他照样拿着锄头锄地、插秧苗、砍柴、割草，跟健全人没有什么两样，他甚至干得更快更好。

在房子的右侧，阿坤自己徒手建造了三个牛圈，虽然暂时不符合地方政府的统一标准，但是足以为他的9头母牛提供栖身之所。他得意地说这9头牛全部有了牛崽，到了下一年牛的数量就可以翻番儿。非农忙季节，阿坤每天7点钟起床把羊牛赶到山上吃草，然后回家准备牛羊晚上的食物，接着收拾三个牛圈，每天要担几百斤牛粪，打扫牛圈，让牛有个舒适的睡觉环境。"牛就是要吃饱，睡好，不生病才能长得大，只要懂得这个道理，就能把牛养好。所以我每天都要打扫它的圈，否则太脏了，它住着就会不舒服，就会生病。"

他带着我们走到他稻田养鱼试点的农田边上，只见在一片农田中间隔出了一小块水域，他说鱼苗已经投进去两年了，再养一年就可以打捞出来进行销售了。他周围的几户进行稻田养鱼的人家早已将鱼儿进行售卖，但是阿坤坚持要再等一年："我想等鱼再长得大一些，它们再多适应这块水域一些，我不希望卖完这一次后面就没鱼了，耐心一点。"阿坤虽然文化水平不是很高，但是他做什么都愿意多动脑筋，以他的头脑和勤劳在周边做工人一天能挣 100 元，比他一年辛辛苦苦劳作挣 1 万多元钱要强得多，但是他就愿意踏踏实实地与土地为伴，希望能在这片土地里干出个样子来。"政府的人下来开会说，让我给大家做个榜样，给残疾人做个榜样。我刚回来的时候开始养羊，然后周边的人才跟着养羊的。"

在农业生产中，阿坤已经成为一个村子带头人，大家有什么疑难问题都会来咨询他。从他所说的话中听得出来，他希望能做好这个"带头人"，在农业生产过程中，他找到了战胜身体残疾的自我认同感和成就感。"正常人能做到的，我们残疾人也能做到，我就是要证明这个。"

阿坤是一个非常有规划、有想法，并且有行动力的返乡工伤者，惠民在反复考察他的生产能力之后，将阿坤列为生产能手并作为精准支持项目的考察对象之一。惠民计划在他接下来的黄牛养殖创业中给予支持，其中一部分支持是资金的投入，用于扩大规模，以帮助他获得当地政府的养殖补贴；另一部分是技术的支持，主要是用来降低他养牛的潜在风险。"阿坤是一个很能干的人，他现在养了9头牛，他希望能够扩大规模，但是苦于现在手里资金不够，所以就没去做这件事情。虽然惠民不可能支持他那么多钱，但是我们的投入能够使得他更有动力去做这件事，多一分支持的力量，他们也会觉得有些依靠。"

阿培：谁说残疾了就不能做事

阿培，高高的个子，头发有些灰白，穿一身淡灰色的西装，浅色平底鞋，颇有些儒雅气质。2013年2月，他在放工途中遭遇车祸，左手高位截肢，所以我们见到他时，他总是披着西装，对于自己的手部残疾他可能仍然有一些介意吧。

2013年8月，他出院回到新民老家，手部残疾的他不甘心整天坐在家里无所事事，他决定用打工所挣的2万多元积蓄买羊种，开展养殖业。确定目标后的阿培像打了鸡血一样，一下子购买了22只羊仔，然后参加政府组织的养羊技术培训，从来没有养过羊的他还四处向周围养羊大户寻求经验和技术支持。就这样，两年的时间，他饲养的羊已经达到40多只，其中2只大公羊，以本地品种为基础，引进杂交品种。

阿培成为他们村里出名的养羊专业户，他所饲养的羊的数量达到了当地政府的补贴标准，获得了3万元的羊圈修建补贴，用这笔资金他建造了 100 多平方米的专业化羊圈，左右两边各设置 8 个圈位，中间是人行道。羊圈每半个月打扫一次，清理粪便、水槽并消毒，人行道每天打扫，这些工作几乎全部由阿培和他的侄儿一起完成。阿培在羊圈旁边建了一个小屋，为了防止出现意外，尤其是在母羊快要临盆的时候，他晚上都住在这个小屋里，盯着羊圈的一举一动。

这 40 多只羊就像是阿培的亲人一样，他每天陪它们的时间要远远多于陪他的家人。每天清晨，他早早起床赶羊上山吃草，大概放养三个多小时，羊儿们吃饱就赶回羊圈睡午觉，睡两个多小时后又将它们赶到山上玩耍、运动一圈，然后回家用事先准备好的羊食（红薯藤、草）喂饱它们，接着就到了晚上睡觉时间。羊儿们的生活每天都是这么规律，像婴儿一般，阿培笑着说："我对每一只羊都很熟悉，我从小把它们养大，这里面都是我的心血，我每天对着它们的时间最多，都养出感情了。"

说起他所饲养的羊，阿培显得格外自信。他很愿意向大家分享他养羊的经验，因为他自己就是在与别人的交谈过程中学到了养羊的技术，他希望能够为那些想养羊的人分享一些他自己的心得体会。

羊仔不能长时间在外面散养，三四个小时就要赶回家睡觉，否则羊仔会一直吃，吃饱了还要吃，这样就容易撑出病，而且只有休息好了才能长个长肉。在外面散养时，要注意放牧片区的植物分布，不要让羊吃到有毒植物，如崖马桑，吃多了要拉肚子，要生病；保持羊圈清洁卫生，减少生病；夏天是羊生病的高峰期，熟悉症状和用药，随时备着。

阿培是通过其他的返乡工伤者认识惠民的，他参与惠民的活动也不久，但是说起对惠民的印象，阿培真是不吝赞美。

> 他们都是受了工伤的人，他们知道我们受工伤的人心里面想的，所以他们对我和我的家人很好，很照顾。去惠民参加活动也有很多收获，为周围的残疾人搭建了一个交流经验的平台，多从别人那里讨教经验本来就是一件很好的事，我们残疾了，很多生存的门道就堵死了，就是要多听听人家是怎么弄的，对自己有好处。

惠民到阿培家探访过几次，每次去都看见阿培一只脚踩着草，一只手拿着刀在院子里切草，这些草是存起来给羊仔做粮食储备。阿培有些遗憾地告诉惠民的工作人员，他想要买一台铡草机，但是现在手头没有现金，要等到过完年才能有钱。王发明与任姐经过商量，决定将阿培纳入生产能手的生计支持项目中，为他出资购买一台铡草机，这样他以后切草就不会那么辛苦，而且养殖效率也将大大提高。

没多久，一台红色铡草机就被运到阿培家。阿培把它当作宝贝一样，总是把它清洗得干干净净，用一块干净的塑料布盖起来，生怕弄脏弄坏。

> 这台机子是惠民支持我的，我现在切草比以前轻松

多了，以前几天才能干完的活儿，现在一个上午就做完了。如果惠民不支持我这台机子的话，我可能要明年才有钱买得起。他们真的很细心，看见我一只手切草太辛苦，太慢，就想着帮我，我想要一台铡草机真的很久了。

阿培说他有一个两年计划，就是打算在两年内将养羊数量增加到 100 只，扩大羊圈，争取政府更多的资金补贴，成为当地的养羊大户。他说他希望每天就像上班一样，把养羊当成工作，认认真真地把它做好。虽然阿培说这个话时有些腼腆，但是我们都相信他有这个能力，更重要的是他有这个决心。"谁说我们残疾了就不能做事，我们一样能行！"

阿培和他的爱人强烈要求我们留下来在他家吃饭，他的

图 16　在家中劳作的阿培
摄影：王静

妻子还专门在家点了豆腐煮火锅给我们吃。"你们帮了我们那么多，我们一定要留你们吃一个家常便饭，其他我们也不知道该怎么表示。"此时，我想起任姐经常说的一句话："人心换人心，真心值万金。"

看得出，生产能手的精准支持项目的目标并不是帮助这部分返乡工伤者解决基本的生存问题，因为对于这些具有突出生产能力的返乡工伤者而言，他们靠自己的劳动完全可以维持家庭的生活，而是为了促进他们更高层次的创业发展，使他们能够在自己擅长的领域做出一点成绩，获得更多的自我认同与社会认同。

我们是残疾，但不是残废

一般情况下，公益组织的资金支持总是倾向于那些家庭困难的对象，在严格意义上来说，阿坤与阿培都不算是返乡工伤者中家庭情况最困难的，但是惠民在本期最后一轮的生计支持项目中增加生产能手的生计支持项目，自有他们的用意所在。

王发明解释这样设计项目的原因有两方面。首先，作为生产能手的返乡工伤者通过他们的辛勤劳动已经具备了一定的农业生产基础，在日常生活中他们往往因为资金的缺乏而无法将自己的生产活动扩大，以增加经济利益。因此，惠民的生计支持资金，虽然不多，但是可以帮助他们解决一部分的生产资金短缺问题，有效地提高他们的劳动效率，就像支持阿培铡草机一样，这笔支持资金在生产能手手中能够发挥它最大的效用。其次，对生产能手进行生计支持是为了在返乡工伤者群体中树立积极、正面的劳动榜样，通过鼓励他们的劳动生产行为，告诉所有的返乡工伤者："我们虽然受伤残疾，但是我们依然可以用我们自己的双手、头脑干出一点成绩，让人刮目相看。"王发明说，未来他们还将对在生计支持项目中表现优秀的返乡工伤者进行表彰，在互助社区中宣传这样一种价值观：残疾不等于残废。

　　王发明的话让我想起我跟他一起经历的一次探访。我们来到返乡工伤者的家门口，家里没人，我们站在院子里等候时过来一个老婆婆，她看了看王发明的手，问他说："你也是残废啊？"王发明笑着回答说："老人家，我是残疾，但还没废。"我想，这句话应该让所有的返乡工伤者听见，让社会上的每一个人都听见。

发　声

一个具有发展意味的机构不应该仅局限在群体内部的互助，它应该走向社会，将群体内部的声音传达给外部世界，去影响与改变社会。这样，返乡工伤者便不再只是接受帮助的弱者，他们发展成为可以影响别人的正向力量。

社会改变与社会认同：
惠民的自立助人

在惠民的办公室里，竖立着十几块方形的图片展板，有的已经暗得发黄，但是上面的图片和文字依然让人十分震撼。每逢尚嵇镇赶集的日子，惠民的工作人员就会将这十几块展板扛到街上，整齐地摆好，再在中间放上一个桌子当作宣讲台，向过往的村民讲解展板上的工伤故事与职业安全知识。这样的展板宣传惠民几乎每个月要开展一次，除了在尚嵇镇本地的市集开展以外，赶上特殊的日子，比如劳动节、国际工伤日，惠民会带着这些"家当"到市火车站这种流动人口聚集的地方，向那些进城务工或回家探亲的流动工人进行工伤知识传播。

职业安全和工伤知识的对外宣讲是惠民成立之初就确定

的一项重点工作，王发明认为职业安全的宣传与对返乡工伤者的社区服务同样重要。国际通行的工伤保护体系包括三个方面：工伤预防、工伤赔偿和工伤康复。虽然惠民的重心放在了社会关注度较低的返乡工伤者康复上，但是在与乐施会项目官员反复沟通之后，他们认为工伤预防与工伤赔偿的社会倡导同样必要。王发明说：

> 我们受过工伤的人知道工伤对于我们这些出去打工的农村人来说意味着什么，如果当时我们出去打工的时候，有人告诉我们工伤是怎么一回事，怎么注意安全，那么我们可能遭受工伤的概率就会低很多。所以我觉得惠民有责任向农村社会传播职业安全的知识，减少工伤的发生，这是我们这些受过伤的人对社会的警醒意义。

惠民根据不同的人群开发了不同的宣讲内容。就目前开展的社会宣讲来说，他们的宣讲目标群体有三类：流动的进城务工者、返乡工伤者和普通村民，不同的人群所宣讲的内容侧重点不同，所想达到的目的也不尽相同。

流动的进城务工者：工伤预防与工伤处理

在经济社会和城镇化建设如火如荼之际，广大的农村社会几乎处于"空城"的状态，村里的青壮年劳力纷纷进城务工，留下老人和儿童守着村庄，即使壮劳力回到农村，也都只是短暂的停留，一旦有机会还是会进城打工。于是，在村子里出现一大批频繁往返于城市与农村的年轻人，他们不停地在城市与农村寻找生存的机会，处在不稳定的流动当中，他们在城市工厂遭受工伤的风险更大。因此，惠民面向这些农民工群体开发了一系列的职业安全防护和工伤处理的宣讲内容，包括工厂里可能存在的安全隐患、工伤高发率的机械设备，工伤之后的工伤认定与赔偿程序，以及浙江、广东等地的民间组织信息。

在宣讲现场，王发明与任姐时常以自己的工伤经历为案例，拿出自己残疾的手，向那些进城务工者讲述自己受伤的过程，包括操作什么样的机器，什么情况下受的伤，受伤之后怎么处理等。在长期的工作开展过程中，惠民意识到干巴巴的知识传递很难引起人们的关注，大家总觉得这样的事情离自己很远，但是当他们看到真实的工伤案例，尤其是看到就在现场的王发明与任姐的手，才知道工伤离自己如此之近。于是，他们开始跟惠民的工作人员聊天，聊自己在工厂工作的环境，可能存在的安全隐患，并且向惠民咨询如何保证自己的职业安全。

2011年上半年，贵州遵义人阿勇在东莞一家油坊打工不慎跌落油锅，身体大面积烫伤，受伤非常严重。油坊主希望私下解决此事，并且威胁他的家人不要闹事。阿勇的妻子通过老家的朋友知道惠民之后，联系惠民，惠民在跟她普及工伤认定与赔偿的法律知识以外，将阿勇的案例介绍给"番禺打工族"，在这家机构的法律援助下，阿勇最终获得了合法的工伤赔偿。这是一个惠民与城市工伤NGO组织跨地合作的典型案例，在这个案例中，惠民成为本地工伤者与城市民间组织连接的桥梁和中介，这也是惠民坚持向社会宣讲职业安全预防与工伤处理的实际意义所在。"如果我们不对外宣讲，谁会知道惠民，当地人在外受了伤也不会知道找惠民或者其他民间组织来帮助他们。"

现在惠民正在做一个工作，就是将上面的这些内容重新制作成一个便于传播的小册子。他们与城市里的工伤组织形成合作关系，搜集大量的工伤案例，总结出工伤隐患最高的几类工种与机械设备，并且有区别地示范正确和错误的操作方式，提高农民工识别工伤危险和保护自身安全的能力。如果不幸遭遇工伤，这本小册子会教他们如何一步一步走法律程序维护合法权益，并告诉他们可以获得的社会支持力量。

返乡工伤者：信心重建与机构宣传

返乡工伤者是惠民工作的主要目标群体，惠民主要围绕返乡工伤者的生活信心重建来进行宣讲，宣讲的方式是案例分享。惠民利用王发明的工伤案例，重点讲述他经历工伤这个重要转折后重新振作的故事。返乡工伤者的信心重建不是一次两次宣讲就可以实现的，它需要惠民深入的个案介入与扶持，对外宣讲的终极目的在于向社区传播惠民及其工作内容，让更多的返乡工伤者加入惠民的互助自助网络中。目前互助网络中不少的返乡工伤者都是通过宣讲而结识惠民，加入惠民的。

面对返乡工伤者的宣讲往往是一对一的，因为内容不适合公开传播，而且大多数返乡工伤者不太希望长期暴露在公共场合里。一般而言，返乡工伤者在宣讲现场看到一幅幅生动的工伤图片后，会产生共鸣，然后单独接触王发明或任姐，简单询问几句，留下惠民的联系方式后离开。等待宣讲会结束之后，他们会根据宣传页上的地址找到惠民的办公室，由此成为返乡工伤者互助自助网络中的一员。

普通村民：消除歧视与增进理解

惠民致力于促进返乡工伤者在当地社区的融入与发展，要想实现这一目标，友好的社会环境以及充足的社会支持是必不可少的。所以，惠民尝试在对外宣讲中面向普通的社会大众进行工伤启蒙倡导，为消除社会歧视，增进群体间理解尽微薄之力。

面向普通村民的工伤启蒙宣讲，旨在传递三个观点：①工伤是每一个进城务工者都会面对的风险，并非民间所谓的"做坏事的报应"；②工伤者虽然残疾，但不是废人；③工伤是一个社会问题，需要全社会来关注与支持。

首先，惠民用实际的案例向村民们展示工伤发生的始末，它是工厂安全设施缺位与工人保护意识薄弱的综合结果，每年在珠三角工厂中因工伤断掉的手指达上万根，惠民用数据与生动的案例告诉社会大众：工伤者是自食其力的生产者，工伤的源头在于很多工厂不注意工人的安全保护。

其次，惠民用工发明和任姐这两个活生生的例子向大家证明，返乡工伤者并不是残废，他们虽然残疾，但是同样具有自食其力的生活、独立自主的社会思考以及社会行动，他们可以跟健全人一样享受同等的社会权利、履行同样的义务。

> 现场，会有些老年人过来看我们的手，他们看到我们两个手都这样了，还敢站在街上跟大家说这些，实际上这种行为，这种形象就是最好的宣讲内容，让大家明白原来残疾人也可以出来做事情。

最后，惠民所有的宣讲展板展示的内容，包括职业安全的隐患、工伤发生的原因、工伤维权的程序与困难、返乡工伤者所面临的社会偏见与发展瓶颈以及惠民的工作介绍，这

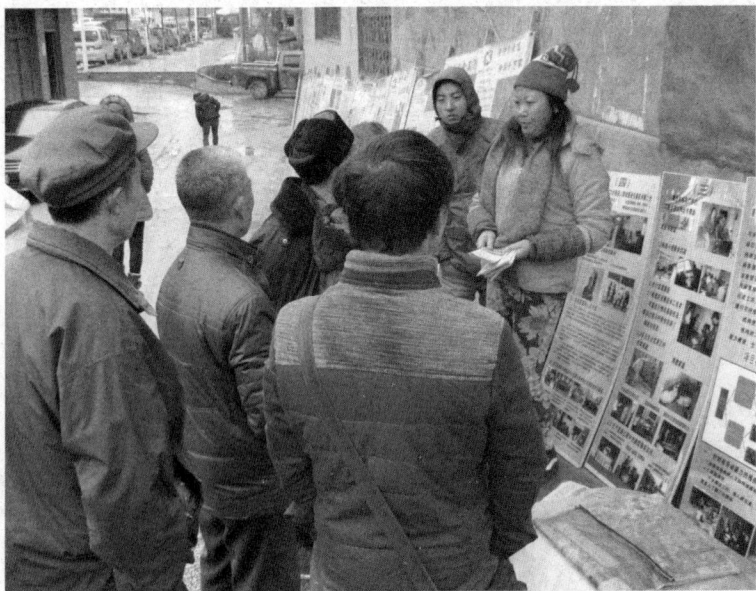

图 17　惠民互助服务中心在街头宣讲工伤预防知识
摄影：惠民互助服务中心

些综合起来向社会传达工伤并不是一个单纯的生产意外，它是涉及政治、经济、文化等多方面的社会问题，因此工伤者这一特殊的群体需要全社会的关注和理解，惠民呼吁每一位村民理解并且关心身边的返乡工伤者，共同营造一个友好、平等的社会环境。

社会改变与社会认同

传播带来改变，它可以使不同群体间的交流障碍消除，相互理解，平等地进行对话。不同社会阶层之间存在巨大的沟通阻碍，拥有越高社会经济地位的人相应地也掌握着话语权，他们可以定义自己和他者化别人；而处于社会底层的人群的声音往往被掩盖，他们无法向社会传达自己的声音，而越沉默越被边缘化。

惠民将对外宣讲的机会看作一次次的社会发声，他们代表惠民这样的民间机构发声，也代表返乡工伤者群体发出自己的声音。他们认为，长期的对外宣讲具有社会改变与获得社会认同的效果。首先，职业安全和工伤防护的宣讲可以提高农村外出劳动者识别危险和应对危险的能力，降低他们遭受工伤的风险，这是改变社会的一种体现；其次，返乡工伤者的案例可以增进社会大众对工伤者的理解，促进他们改变对待返乡工伤者的态度，关注相关政策的制定与执行，这是改变社会的另一种体现；最后，惠民工作人员的行为，以及返乡工伤者的自立自强案例是返乡工伤者获得社会认同的直接表现。

王发明说，"对外宣讲不是一次两次、十次二十次就可以达到改变社会和获得社会认同的目的，它是一个累积的、'润物细无声'的过程"。在接下来的项目计划中，惠民打算将社会宣讲的工作深入附近的村落，选择在一些在外务工者返乡的高峰时间，如春节开展工作。总之，只要惠民在，对外宣讲的工作就会继续下去，理由很简单："我们不能让我们的伤白受，有责任让更多的人不要像我们一样。"

大胆站出来，说自己的故事

在前面的四年里，惠民对外宣讲的主体一直是惠民的工作人员，他们代表返乡工伤者群体向社会发声，然而在最近一期项目中，惠民开始尝试鼓励和带动返乡工伤者个体勇敢走出家门，向大众讲述自己的工伤故事。这个项目叫作"案例分享与传播"，惠民收集了不同类型的八个工伤案例，记录了八位典型的返乡工伤者的工伤生活经历，包括生活失序故事、工伤维权故事、就业歧视故事、自立自强故事、家庭关系恶化的故事等。这个项目不同于平时的对外宣讲活动，它的宣讲主体是返乡工伤者自己，而非惠民的工作人员。

第一次试讲是在遵义市湄潭县的一个村庄，王发明带着几位工伤者早早地来到村里的一块空地，装上投影，打开精心制作的 PPT，他作为工伤故事的主人公之一带头讲述自己的工伤故事。可是由于到场的群众太少，此次试讲没有能够顺利地进行下去，后面几位返乡工伤者/残障人士也没有机会站到台前。王发明说："第一次试讲很失败，可能还是我们没有准备好，当天去的几个工伤者并不是案例故事的主人公，不过我觉得这是一个很好的尝试，毕竟有工伤者愿意跟着我们出来，这就是很大的进步了。"

为什么要让返乡工伤者自己来讲自己的故事，惠民直接代劳不可以吗？这是惠民在设计该项目之初反复思考的问题，也是被乐施会项目官员和其他机构成员多次讨论的问题。"案例分享和传播"这个项目实际上是惠民对外宣讲内容的一个精华集锦，它跟对外宣讲的内容与其他项目并没有实质性的差异，那么这个项目的意义和价值何在呢？

王发明认为，返乡工伤者自己站出来讲自己的故事具有传播赋权的意义。

> 我以前也很害怕站到人多的地方去说话，我也不敢让那么多人看到我的手，但是由于工作需要，我站出来了，我说了，可是当我和任姐这样一次次出现在公众面前时，我们似乎开始获得大家的认同与理解，我们个人的自我认同也增加了不少，这也是惠民对外宣讲的目的。那么，为什么不让我们所讲述的工伤故事的主人公自己来讲呢？如果他们肯站出来，像我们一样，是不是也能获得跟我们一样的自我认同呢？

传播被认为是我们有意识地理解、评估和追求真正的一体化的工具，我们往往通过与他人的交流来获得别人对我们的评价，进而形成自我认知和自我认同。大多数返乡工伤者在受伤回家之后都面临社交断裂的问题，他们的社会交往圈子被极大地压缩和限制，使他们很少有机会能够说出内心真正想说的话，在遭遇社会偏见和歧视时也很少正面反驳。惠民设计的"案例分享与传播"项目正是给他们创造了一个发声的机会，并且将他们视作发声的主体，向社会传播具有价值的"知识"，在这个传播的过程中，提升返乡工伤者的自我效能感，让他们意识到自己的经历是具有社会价值的。这便是王发明所说的传播赋权的意义。

实际上，很早以前惠民就在尝试带动返乡工伤者走出家门，与其他的工伤者进行联系和互动。每一次的家庭探访，惠民都会邀请 2~3 位工伤者或者残障朋友跟他们一起走家串户，一方面是为了让工伤者了解惠民的工作，培养一些潜在的志愿者伙伴；另一方面就是拓展工伤者的社交网络，增强他们与外界交流的勇气和胆量，进而提升他们的自我认同。

阿兰是一位返乡工伤者，惠民在进行四次家庭探访后才得以见到她本人，她说受伤回家后她的脾气变得暴躁，家庭关系也很紧张，她自己很少出门，也不愿意跟周围的人交流，她觉得生活苦难没有尽头，有些绝望。了解阿兰的情况后，任姐在每次开展活动或者外出探访时，都给她打电话，邀请她跟他们一起去认识一下其他的返乡工伤者，看看别人是如何从工伤痛苦中重新站起来的。在与惠民和其他返乡工伤者的交往中，阿兰逐渐开朗起来，她说："和他们聊聊天，心里会舒服很多，觉得没有那么难受了，别人都可以重新站起来生活，我也可以。"

惠民创造各种机会让返乡工伤者开口说自己的故事，一开始是在惠民的小组座谈会上。王发明总是连鼓励带鞭策地

"逼迫"工伤者开口说话，让他们正视自己的工伤残疾和工伤经历，"只有大胆地说出来，才能释放内心的抑郁，其实每一个工伤者都渴望获得别人的理解和倾听"。正是在这些平常的尝试中，惠民获得灵感："能否让返乡工伤者们将自己想说的话传达给外部世界？他们能否作为发声的主体与其他社会群体平等对话？"如果可以，这无疑是提升返乡工伤者自我认同的最佳途径。

"案例分享与传播"项目是一种尝试，它能否成功取决于惠民是否能够在日常的接触中给予返乡工伤者最大的自信，当他们能够勇敢走出那一步站到台前，向公众大声讲述自己的苦难，并且看到自己的工伤经历对于社会的意义，那么他们建构起个人主体性时，就是他们获得自我认同和社会认同的时候。不管这个项目是否能够成功，惠民的这一尝试都是返乡工伤者发展成为社会公民的过程中的关键一步。

困惑与讨论

在与返乡工伤者的频繁交流中，惠民的工作人员时常感到一种无奈与困惑，他们不知道自己正在做的事是否如他们所想的那样具有意义，也不知道是否还存在更好的方法去改变返乡工伤者的处境。但是，不可否认，多年的农村社区服务经历使他们总结出了一些不同于其他 NGO 的工作方法，这些经验也值得分享。

我还能为他们做些什么?

——农村公益组织的多重困境

翻看惠民五年来的工伤探访记录,在王发明写的一篇探访记录上有这样一段话:"我不知道我还能够为他们做些什么?我们所做的这些真的能够改变他们什么?他们的贫穷还在,他们的痛苦还在,我感到一种深深的无力感,或许我们只是同类的人抱在一起取暖而已。"看到这段话,我内心翻腾:王发明是在一个什么样的情形下写下这样一段让人心痛的话。我问他:"你写的这个是什么意思?"他看了看,笑着说:"那是之前写的,呵呵,没什么。"

王发明是一个非常倔强和执着的人,他认定的事,无论多么困难,多么不被人看好,他都不会轻易放弃。惠民成立的这五年时间里，经历了多少打击，遭遇过怎样的困境，或许王发明写下的这段话能够告诉我们一些。

不被认可的文化困境

在传统的农村文化环境里，民间公益组织 NGO 是一个陌生的词，人们根本不知道惠民是一个什么样的机构，多数情况下把惠民当成一个到处招摇撞骗的传销组织。

在惠民成立初期，王发明与任姐租用一个简易摩托车翻山越岭，四处搜寻、探访返乡工伤者，乡村道路的破败不堪常常让他们的车坏在半路，很多时候他们都依靠步行。而且艰辛的付出往往得不到回报，他们不是被拒之门外，就是被人冷眼相对，任姐作为一个女性更是尝尽了农村根深蒂固的性别偏见。任姐跟我这样说过："你不知道我们刚开始做的时候有多难，我就在想，为什么在这里做公益这么难呢？"为什么会这么难呢？难就难在这里没有一个认可 NGO 的文化土壤，人们不相信世界上还真有做好事不求回报的人。他们误解惠民是一个专骗工伤者赔偿款的骗子组织，王发明和任姐甚至还被举报进过派出所。真所谓"我本将心照明月，奈何明月照沟渠"，本是一腔热情与真诚地服务于返乡工伤者，换来的却是周围四邻的闲言闲语，误解与诋毁。

农村 NGO 组织与发达城市中的 NGO 不太相同，城市中的工人 NGO 组织多是面向在工厂打工的务工者，他们在城市生活多年，具有相对较宽的视野，而且他们也具有较强的接触外界的欲望与需求，因此通常情况下，务工者会自发地去接触 NGO 组织，参与组织活动，认同 NGO 组织与工人集体意识的一致性。但是反观农村的 NGO 组织，他们缺少一个被人认可的文化环境，在农村几乎没有人知道 NGO 组织的意义与价值，生存理性也使得村民认为参与 NGO 活动是一件没用的事儿，并且交通的不便也使得他们参与组织活动的成本很高。在这样的文化环境中，农村 NGO 组织往往无法正常地开展工作，他们需要花费大量的时间主动建立人与人之间的信任关系，而这往往需要极强的抗打击能力。

地方政策支持有待提高

政策环境是地方文化环境的重要组成部分，由于农村地区的 NGO 组织非常少见，地方政府对于民间组织机构的运作与管理也不是十分了解。因此，在政策普遍缺位的情况下，农村 NGO 组织的工作难以获得合法性。

记得在惠民筹办初期，王发明为了机构注册的事情跑了不少部门，遭遇过很多次闭门羹。这些挫折令王发明有些心灰意冷，他甚至开始质疑自己创办惠民的想法是否行得通，或者惠民是否还存在他所想的价值。所幸的是，功夫不负苦心人，王发明在现在所居住的尚嵇镇获得了民政部门的许可，惠民登记注册成为合法的民间社工组织，对于王发明来说，合法性身份的获得是对他和惠民的最大支持。

尚嵇镇民政部门的涂主任这样评价惠民多年的工作："惠民对于社会有很大的价值，他们自己受了伤，还想着回来帮助其他受伤的村民，民政部门作为一个政府部门，它的确很难深入到每一个个案当中，在这方面惠民就具有很大的优势。"的确，在某种程度上说，NGO 组织像是政府部门的编外成员，它能够发挥政府与民众之间的桥梁连接作用，不但可以增进政府与民众之间的有效沟通，在适当时候还可以充当政府与民众之间的矛盾缓冲器。NGO 组织是从民众当中生长起来的组织，它明白人们需要什么，不需要什么，喜欢什么，不喜欢什么，一句话，它更了解社会中的普通人对政策的需求，因此它的工作手法更适合于解决一些政府难以出面应对的个案事件，这就是 NGO 组织对于政府的意义和价值。

当然，在现实工作的开展中，惠民依然期待更全面的政策支持，如来自地方政府部门的资金与资源支持，对惠民更普遍的社会接纳和社会认同等。另外，惠民所探索出的针对具有劳动能力残疾人的生计发展，也期待更多地与民政、残联等政府相关部门合作，将其经验推广到更多地方，为当地精准扶贫事业提供一条值得大力尝试的道路。

自我认同困境

在服务其他工伤工友的过程中，王发明找到了自己工伤之后久违的自我认同感，他发现了自己对于别人、对于社会的价值。在自强服务站小英的启发下，王发明希望自己能够将这份价值带到自己的家乡。

他不顾家人的反对，在家中开设了办公室，接待外出回乡的农民工工友来家里免费吃饭住宿；他与任姐每天冒着生命危险，骑着一个安全系数不高的摩托车穿梭在乡间泥泞的道路上，五年时间他们几乎走遍了尚稽、新民镇的每一个村庄，每一个山头。返乡工伤者互助自助社区似乎已经建立起来，工伤者与惠民的关系也日益紧密，如同亲友，但越是深入返乡工伤者的生活，王发明就越是感到一种莫名的无力感，他时常在心里问自己："我做的这些真的能改变他们一些什么？"

王发明曾跟我提起过他与一位返乡工伤者的父亲交谈的情形。王发明的到来起初令老人家不知所措，当他告诉老人家自己也是受了工伤的人时，老人家开始声泪俱下地向他讲述儿子受伤之后家庭的变故。这位古稀之年的老人号啕大

图 18　惠民成为工伤工友在尚稽镇的"家"
摄影：惠民互助服务中心

我还能为他们做些什么？　**133**

哭，一直拉着王发明的手诉说着。临走时，王发明只说了几句安慰的话，他不知道自己该做些什么，甚至悔恨自己不应该前来提起老人家的伤心事，或许一直不提他会过得好一些。

> 我们每次去探访，就是跟他们聊聊天，最近做了什么，有什么开心的事情，不开心的事情，但是光是聊天能帮助他们些什么呢？我觉得我们好像什么也做不了，他们的生活还是那么困难。在我们农村，什么都比较现实，我们总是叫他们来参加活动，但是这一来一去要占用他们多少时间，回去以后他们的生活还是照旧。

在实际的工作中，王发明那份自我认同感遭到了极大的挑战，王发明过去所工作的机构致力于工伤维权的服务令工伤者获得了实实在在的利益，而惠民这么多年扎根农村，与返乡工伤者同呼吸共命运，他更加深切地体会到生存的残酷，前行的艰难。他对于返乡工伤者的苦痛感同身受，因此赋予惠民更多更重的责任，他希望惠民的存在能够改变返乡工伤者的生活状态，但是仅凭他与任姐的两人之力，任重而道远。他有时候在想，如果有更多的人参与公益服务的行列当中，比如政府人员、社会有名望人士、激情的大学志愿者，众人拾柴火焰高，那么这些返乡工伤者的境遇或许会有质的改变。但是，现实往往不如想象。

三位残疾朋友的突然到访

2015 年 6 月的某天下午，三位残疾朋友如约来到惠民办公室，向王发明倾诉自己多年来的生活际遇，说到动情处，不禁潸然泪下。他们对王发明说："能够找到惠民太好了，自己几十年来的话终于有地方可以说了。"那天下午的情景一直盘旋在王发明的脑海中，他无数次地思考三位残疾朋友最后对他说的那句话，突然他茅塞顿开，意识到惠民的真正价值所在。

以前我总觉得物质层面的改变才能叫作改变，比如以前很穷现在不穷了，以前很苦现在不苦了，但是事情不是这样的。贫穷和苦难并不能在短时间内就消除，而且并非靠一个惠民就可以实现这个目标。那么惠民存在的意义是什么呢？这三位朋友的到来让我很惊讶，他们是自己找过来的，他们第一次见到我，就愿意这样敞开心扉跟我说他们受伤的经过和这么多年的生活，我有一种被信任的感觉。对于他们来说，他们并不期望惠民能帮助他们多少钱，给他们什么东西，只要静静地听他们说话，陪着他们说话就足够了。他们需要一个这样的地方，因为在他们的生活空间里没有，这就是惠民的最大价值，当然如果能够对他们的实际生活有所帮助那是最好的。

领悟就在一瞬间。送走三位朋友之后，王发明一下子想通了，过去那种自我认同感又回来了。他开始反思过去自己的"急功近利"：他期待看到社工工作的成效，却忽略了自己所做的不单单是一份工作，也是人心的交往；他

我还能为他们做些什么？

一直用可以测量、可视的指标来评估自己工作的成效，却忘了人心的感化不可测量。这便是他产生无力的自我认同困境的根源。三位残疾朋友的突然造访让他重新认识了自己的事业，也更加明白了社工工作的真正内涵，即心的倾听与陪伴。

方法讨论：惠民互助社区构建中的"讲故事"

从惠民刚成立到现在，王发明与他的社工团队一直致力于一件事，那就是建立返乡工伤者的互助自助社区网络。这个互助社区网络有两个内涵：第一，惠民与返乡工伤者的信任关系；第二，返乡工伤者与工伤者之间的伙伴关系。只有建立起这两种类型的关系，才能保证互助社区的有效运行。

因此，不管是他们的工伤探访工作、小组座谈活动还是生计支持项目，都是围绕这个目标而展开。通过长期的实践与总结，惠民提出了一种新的工作方法：讲述工伤疾痛叙事，也就是用讲故事的形式讲述返乡工伤者关于工伤的经历，包括工伤前、工伤中以及工伤后的全部生活。工伤疾痛叙事的社会工作方法在返乡工伤者互助网络建立的过程中发挥了显著的作用，家庭探访、个案扶持、家庭干预、社会宣讲与倡导等都可以见到工伤疾痛叙事的影子。它之所以能作为一种常用的工作方法，在于通过它惠民建立起了返乡工伤者在生活、文化、心理上的相互关联和共同认识，通过共性的寻求与分享将他们从互不相识的分散个体连接成为具有共同情感和共同利益的健康社区网络。

工伤疾痛叙事与信任

在多次的工伤探访工作中，我们见到了惠民的工作人员如何与返乡工伤者从素不相识，一步步发展到建立起牢固的信任关系，工伤疾痛故事的叙述是他们常用的社工方法。那么，为什么工伤疾痛叙事的分享能够构筑一种由生人关系至熟人关系的人际信任呢？

以前面提到过的返乡工伤者阿兰为例。阿兰，尚嵇镇大坝新村人，2009 年在浙江打工时右手被冲床压断，经过接骨手术，手部恢复基本形状，但是功能几乎完全丧失。惠民的工作人员从一位街坊那里知道了阿兰的信息，王发明与任姐曾经四次去她家附近找她，希望能够建立起惠民与她的联系，但是未能如愿，他们几次都没能见到阿兰本人。

后来偶然的一次机会，我们一行三人经过大坝新村，想再次去碰碰运气，不料发现她家的大门仍然紧闭。我们向过路的一位老人家询问她的情况，这位老人好心地帮我们叫开了她家的大门，原来阿兰一直在家。我们的到来，使得阿兰不知所措，她一边开门，一边怀疑地盯着我们打量，即使我们道明身份和来意，也仍然不能消除她对我们的戒备。后来我们得知她丈夫去广州打工了，家里只有受伤的她与一个上初三的女儿，出于安全考虑，她一般不与陌生人打交道，三个陌生人的贸然到访自是会令她不安。

阿兰招呼我们在客厅坐下，她的双手一直交叉抱着，我们并不能从表面看出她哪里受伤了。在很长的一段时间里，除了一些基本的日常问候与寒暄，我不知道该如何向她提起工伤这个话题。任姐对于这种状况非常有经验，她很擅长与初次见面的工伤者打交道——既不伤害他们的情

图19 阿兰向王发明讲起自己受工伤的故事
摄影：石鸣

感，又可以顺利地完成收集信息、建立联系的工作。任姐告诉我，多数返乡工伤者对自己的伤都十分避讳，他们不会轻易说出自己的过往经历，因此惠民在与返乡工伤者第一次见面时总是遭到拒绝、排斥，甚至有个别返乡工伤者打电话报警，说他们是传销行骗的组织。所以，惠民欲建立起与返乡工伤者的互动网络，就必须先获得他们的信任。

> 任姐：我们从你哥哥那儿知道你以前在浙江打工手受了伤，你能给我看看，看我们两个谁伤得比较严重吗？（说完亮出自己受伤的手。）
>
> 阿兰：你的手也受伤了？（惊讶，身体前倾靠近任姐的手。）
>
> 任姐：对啊，他也是。（指着王发明。）
>
> 王发明：你看嘛，我们两个的手伤得是差不多。
>
> 阿兰：你们也是打工遭的（受的伤）？
>
> 任姐：是噻，我是前几年在广东工厂里打工的时候操作冲床受伤的，现在就剩这只手指了，其他的完全压碎了。
>
> 阿兰：你没有接吗？
>
> 任姐：根本接不起来，已经压成碎末了。
>
> 阿兰：我的手就是接起来的，还不如不接呢，接好了以后也不能用，你看嘛。（卷起袖子，举起受伤的右手。）
>
> 任姐：你手是怎么受伤的？也是冲床吗？
>
> 阿兰：嗯，是啊，那时候我刚进厂才12天，工厂

也没有什么安全事故讲解，它那个冲床上去的时候，我就伸手进去拿，没有想到它就掉下来了…………

从上述对话中可以看出，任姐通过主动披露自己的工伤故事引起了阿兰的共鸣，打消了她的怀疑与戒备，从"你的手也受伤了？""你们也是打工遭的？"就可以看出阿兰寻到"自己人"的激动，正是这样一种共同经历使得阿兰对任姐与王发明产生亲近感，放下心里的疑虑，接受他们并且打开话匣子讲起自己受工伤的故事。

惠民与返乡工伤者从"生人关系"一步一步发展为"相识关系"再到"熟人关系"，说明作为建立关系的被动方，返乡工伤者在惠民那里，感受到了一种归属感。工伤疾痛叙事就是这种归属感的重要中介，它使得返乡工伤者把惠民从"外人"拉进"自己人"的范畴内，而"自己人"则具备形成信任关系的所有因素——可预测、可依靠、忠诚、充满正面期待、具有归属感。

这种"自己人"的认知不能通过静态的告知来传播，而是在工伤疾痛故事的讲述与分享中逐渐建立起来的。比如，惠民的工作人员第一次去阿兰家时，首先亮明了自己的身份，即惠民的性质与工作内容，相当于单向、静态地告知返乡工伤者这一"内群体"（返乡工伤者个体认同的群体）的存在，但是此刻的"内群体"是从惠民的视角定义的，而非返乡工伤者本人。当任姐主动讲述自己的工伤疾痛故事，共同的身体与情感经历使阿兰对惠民产生了"内群体"的认同，从而完成"自我类别化"。

工伤疾痛叙事与伙伴关系的建构

"大家好！我叫××，××镇××村人，我是××
年在××打工受的工伤，被评为×级残疾，受伤后回来，
现在在家里干点农活。"在惠民举行的一次小组座谈会上，
几乎每一位返乡工伤者都按照这个模板进行自我介绍。他
们大多是第一次见面，虽然住的村落隔得不太远，彼此之
间可能听说过姓名，有的甚至还是同门亲戚，但是这样面
对面坐下交谈还是第一次。

座谈会开始之前，早早到场的返乡工伤者各自站在办
公室大厅的一角，要么抽烟，要么看宣传展板上的内容，
还有的就径自站在街边看着过往的车辆人流发呆，彼此之
间没有语言交流与互动，除了偶尔与惠民工作人员的寒暄。
座谈时间一到，王发明大声喊道："大家上二楼会议室来，
我们的座谈会开始了。"他们才缓缓地从各自的状态中回
转，走向目标地点。王发明是座谈会的主持人，对于在场
的各位返乡工伤者他都十分熟悉，但是他深知座谈会的目
的是加深返乡工伤者之间的熟悉与认识，于是他提出在座
谈会开始之前，每一位返乡工伤者都讲述自己的工伤疾痛
故事。王发明告诉我他这样做的原因。

他们很多是第一次见，并不熟悉，而且受过伤的
人大多都不太善言辞，不知道怎么主动与人交往，所以
我必须要提供一个场合让他们有机会去相互了解，在了

解的基础上才能谈得上自助互助。我想到大家都是受工伤返乡的，也正是因为这个才在惠民相聚，所以就让大家各自讲述自己的工伤经历，更容易增进他们的相互了解，这也是我做了很多年工伤探访的经验。

返乡工伤者之间的关系并非如惠民与工伤者之间的关系一般是"熟人关系"，他们平时私底下并没有什么接触和联系，只有在惠民这个空间里有交集。王发明之所以想尽办法将返乡工伤者联系起来，是为了形成返乡工伤者自助互助的网络，而这个网络不止于惠民与返乡工伤者的单线互动，返乡工伤者彼此之间也应该形成良性的互助互动关系，从而使得返乡工伤者能够更好地适应病残后的生活世界。从这个角度来看，返乡工伤者之间的关系更像是一种伙伴关系，他们不一定要非常亲密，像惠民与返乡工伤者那样，但是他们基于共同的经历，受相同的生活目标和利益驱动。

工伤疾痛叙事从以下两个方面构建了返乡工伤者之间的伙伴关系。首先，工伤疾痛叙事缩短了返乡工伤者之间的心理距离，加强了彼此之间的身份认同。人际关系是通过互动建立起来的，两个人之间的交流行为定义了关系。在惠民组织的小组座谈会上，工伤者从最初的"各自为政"到最后的谈笑风生，工伤疾痛叙事这种传播交流方式为他们创造了一个共同的表达空间，在这个空间里，他们可以畅所欲言平时没有机会表达的内心，而且共同的工伤经历使他们的人生旅程发生不同程度的交集，进而产生共同的身份认同，止是"返乡工伤者"的自我身份认同进一步稳固了他们的"同类"关系，将他们从陌生变得熟悉。这是建立返乡工伤者之间的互助网络的第一步。

其次，工伤疾痛叙事更新了返乡工伤者的"库存知识"。美国哲学家、社会学家舒茨在《生活世界的结构》一书中阐述了生活世界的定义，他提出生活世界是人们度过其日常生活所直接经验的主体间际的文化世界，为了理解与应对具有先赋性的外在生活世界，人们必须和科学家一样，运用一套复杂的抽象构造来理解这些对象，这种构造物就是"库存知识"。[①]舒茨认为，"库存知识"是人们在主体间性的世界中逐渐形成的，是在一个人以往的主观经验的积淀中生成的，这些以往的主观经验构成了人们在面对各种情境时可以利用的"库存知识"。

工伤事故发生以后，工伤者的生活世界发生了翻天覆地的变化，他们对原有生活世界中的"库存知识"进行质疑，为了适应工伤返乡后的病残生活，他们必须通过一切途径重新建立与现在的生活世界相适用的"库存知识"，而工伤疾痛叙事的分享为他们提供了这样一个机会。正如小组座谈会上某些返乡工伤者所讲述的工伤维权故事能够为其他刚刚受伤的工伤者在迷茫之中指明方向一样，工伤疾痛叙事从不同的方面为返乡工伤者的"库存知识"增添了新鲜的血液，维权知识也好，生活技能也罢，都能够不同程度地提升工伤者应对工伤后业已变化的生活世界的能力。

---

① 李芳英：《生活世界：在舒茨的视域中》，《重庆邮电学院学报》（社会科学版）2005 年第 2 期，第 202 ~ 205 页。

工伤疾痛叙事的社区"治愈"功能

疾痛叙事的公共社区功能体现在以下三个方面：帮助分散的个体集合成为互相提供支持的疾病共同体；提高人们对共同的疾痛经验中某一具体事件的公共认识；提供某种具有高识别度的倡导话语。上述三方面的社区功能实际上阐述了由疾痛叙事构成的健康社区对于病患者的"治愈"功能。结合惠民的社区实践，工伤疾痛叙事的社区"治愈"功能体现在：社区支持功能，以提高返乡工伤者应对工伤后病残生活的生存能力；针对工伤者公共意识的启蒙；在启蒙的基础上增强返乡工伤者传播行动的能力。

1. 社区支持功能

一种有利于健康的支持型关系包含富有价值的信息的交换，在某种程度上说，这种信息对于处理与健康相关的不确定性，以及提高人对疾病的控制感和实现积极的健康目标的能力非常有效。在惠民互助网络中，社会支持型传播通过提供有价值的信息，帮助返乡工伤者处理工伤病残后面临的各种不确定性，提升他们对失序生活的控制。

首先，惠民互助网络帮助返乡工伤者重新规划生活，重构自我认同与人生信心。就像对待小施一样，惠民通过传播为返乡工伤者提供机会，消除他们内心对自我的质疑，让他们有重新振作的可能、实现梦想的希望。

其次，惠民互助网络定期交流生产生活经验，提升返乡工伤者的生存能力。惠民互助网络开展了养猪、花卉种植、豆棒制作、农耕设备操作等与返乡工伤者相关的知识培训与交流。除了偶尔邀请外面的农业专家，大多数传播经验知识的都是惠民互助网络里的成员，他们受伤返乡后积极发展种植业与养殖业，在惠民互助网络中具有较高的威望。他们将自己的工伤疾痛故事，尤其是抗争残疾的经历分享给其他的伙伴，希望能够为他们提供解决同类问题的方法。

社会支持信息的获得使参与者相信：有人在关心他、爱他；有人在给予他自信与价值；他属于某个具有共同责任的团体。惠民互助网络的上述两种社会支持型传播通过

图20　工伤家庭户外交流活动
摄影：惠民互助服务中心

工伤疾痛故事的倾听与讲述给予了工伤者情感的慰藉，互助网络中的成员生产生活经验的传播增强了大家对未来的信心，以及对自我价值的认同，反过来这又增强了惠民互助网络的稳定性，加强了大家的紧密程度，使每一个助人或受助的返乡工伤者感受到自己作为网络成员所承担的责任，即助人自助。

2. 工伤"正义"意识启蒙

小组座谈会上，阿凯滔滔不绝地向大家讲述自己工伤维权的故事，除了向大家介绍自己的维权经验，帮助有需要的工伤者出谋划策以外，他在言语之间表达且传播了工伤的"正义性"，以及工伤者理应获得赔偿和尊重的正当性。

> 我们不是去要，去乞讨老板给我们钱，这个工伤赔偿是按照国家法律规定，他们应该赔偿给我们的，多一分我不要，但是少一分也不行。

惠民互助网络中关于工伤"正义"的启蒙传播，无论是对自身工伤经历的回忆，还是对他人工伤经历的评述，都表达了网络成员对工伤者作为劳动者的价值、尊严的强调，虽然这些价值观念不能像前述社会支持型传播那样直接有益于他们的日常生活，但正是对于工伤"正义"的认知使他们找到人之为人的真正含义。

惠民与返乡工伤者的工伤疾痛故事传播两种工伤"正

义"。第一，工伤是因工而伤，并非个人倒霉。第二，维权是合法权利，并非贪钱敲诈。惠民互助网络为返乡工伤者提供了一个开放的传播空间。在这里，返乡工伤者能够自由地利用自己的故事抒发对工伤的看法，用他们的话说，是"大老粗的话，上不了台面"，但是源于工伤者内心的"另类"话语才更加有力量，才能使我们听到不同的声音。也正是这样的"粗浅"话语建立了一套高于日常生活实践的工伤"正义"价值体系，这套体系在互助网络内自由传播，赋予每一位返乡工伤者正义，这样的正义能够使他们免于遭受歧视与误解。

3. 工伤疾痛叙事的传播行动赋权

如果说惠民互助网络的社会支持型传播与工伤意识启蒙传播是他们在社区内部将沉默转化为语言和行动的第一步，那么走出社区，面向健全人群体、面向村落社会的工伤疾痛叙事便是他们使用传播实现政治性主张的重要一步。

传播行动主义（communication activism）即采用各种传播手段，如大众媒介、新媒介、传统媒介和墙报、民谣、街头剧，以及其他文化形式来推动社会变化的行动主义。① 主张（advocacy）是传播行动主义的一种特殊类型，即采取行动是为了支持某种特别的目标。惠民策划的"工伤案例故事"项目和进村宣讲故事的活动就是一种极具传播行动主义

---

① 卜卫：《"认识世界"与"改造世界"——探讨行动传播研究的概念、方法论与研究策略》，《新闻与传播研究》2004 年第 12 期，第 5~20 页。

的行为，这种传播行为具有非常明确的主张，即促进社会主流对工伤及其工伤者的认识与了解，一方面避免更多的工伤发生，另一方面消除社会对工伤残疾者的歧视。

传播在强化或转换我们对不体面身份的过分担忧和歧视方面起着重要的作用，正是这种担忧和歧视限制了我们对自己和他人的理解、同情和接受。这就是故事传播的力量，它能够使返乡工伤者在遭遇现实各种社会结构的压迫下发出他们的声音，向社会其他群体传播他们内心的真实想法与追求理解、尊重、平等的诉求，完成乐施会与惠民一直强调的社会改变和主体性建构的发展目标。

听从内心的召唤

王发明与任姐一直强调自己并不是专业的社会工作者，他们没有接受过任何专业的方法培训与教育，他们一切的行为都是源于他们对于工伤本身的刻骨铭心的经历与感受。他们之所以使用讲故事的工作方法，是因为这些故事就在他们心中，构成了他们现在的自己以及所要做的这一切，因此他们也并不认为讲故事是他们独特的社会工作方法，甚至对此完全没有意识，他们只知道在故事的讲述过程中，返乡工伤者，包括他们自己的伤痛得到了慢慢的缓解与愈合。

或许真的如他们所说，社会工作并没有严格的方法论，只要你发自内心地想去改变些什么，你真正地将自己与返乡工伤者融合在一起，你所用的方法就是最好的、最恰当的。

"惠民"模式的精准扶贫
是否可以推行?

　　阿平家住在新华村往里走三四公里远的一处土坡上面,周围村民家都相继盖起了新的砖房,他一家四口仍然居住在父辈遗留下来的歪斜的木房子里。每天早上,阿平六七点钟起床,打扫好家里的卫生,喂完后圈的猪,接着帮年迈、瘫痪的妈妈穿衣服、起床、洗脸,安顿好智力障碍的妻子和刚刚降生的女儿,然后生火做饭,整个家庭的家务和生计全部落在他一个人身上。由于母亲、妻子和女儿都需要人照顾,所以阿平无法出去找活儿做,只能靠一些田间劳作、养殖来维持家里基本的生活,但这些工作对于手部残疾的他来说,仍然有些力不从心。

像我这种情况真的是没有办法，家里就我一个人，我根本走不开，我要是走了，我妈怎么办？我老婆又是那个样子，自己都像个小孩子，怎么照顾自己和女儿？所以我一步都走不开。如果我要是能出去，不是说吹的，一年挣个一两万是绝对没问题的，唉，但是没办法，我哪里都不能去。家里的开支很大，我妈每天都要吃药，老的小的要生活嘛，你说这些钱我从哪里得来？

　　阿平 2004 年在浙江永康打工时，因为脚部不小心碰到冲床开关导致冲床意外掉落，右手除大拇指以外全部受伤，食指和中指被切除。手部的残疾使得他失去了在城市劳动力市场的竞争力，回到老家后，家庭的变故与疾病使得整个家

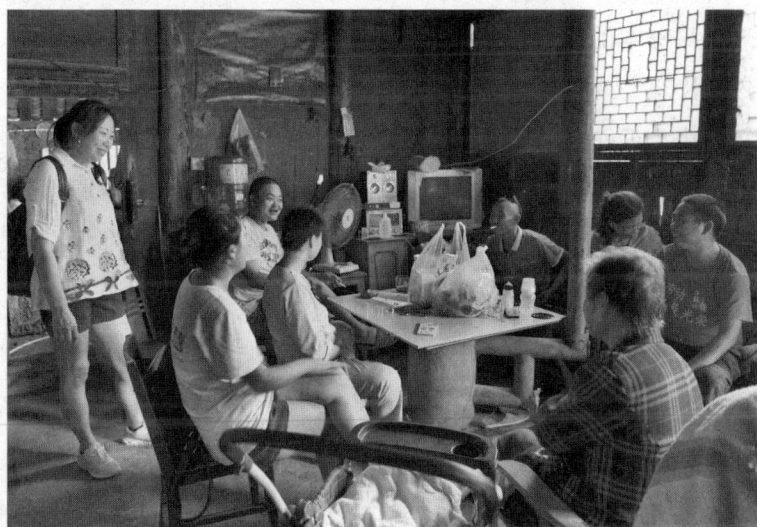

图 21　探访阿平一家
摄影：石鸣

"惠民"模式的精准扶贫是否可以推行？　　**151**

庭陷入无以复加的贫穷当中，身体残疾的他只能咬牙一天天地承受着。积压已久的火山总有爆发的一天，记得有一天半夜，阿平拨通了任姐的电话，电话里的他似乎喝醉了酒，一直哭喊着："这个日子怎么过得下去啊！"任姐理解他心里的苦，可是却不知如何在电话里安慰他，也许他只是需要宣泄一次。第二天，他酒醒了，王发明问他还记不记得昨晚上发酒疯的事，他笑着说不记得了。

　　贫穷是困扰人类生存的一个永恒主题，乐施会这么多年来想要尝试解决的问题就是贫困。身处贫困之中的人们不仅无法保障身体的基本健康，更令人心痛的是贫困使他们丧失了对美好生活的向往和自我的关照。长期从事边缘群体研究的卜卫研究员曾在一次田野调查的感言中说，"最使她难过的不是当地人（贫穷）糟糕的生活环境与状态，而是他们那一双双麻木的眼睛"。为什么会贫困？是什么导致了他们的贫困状态？或许这中间个体存在千差万别的因素，但是有一个共性，正如经济人类学家邓纳姆① 在其博士论文《逆境求生：印尼的乡村工业》中所提出的那样，贫穷的根本原因是没有资本的输入。她还认为绝大多数反贫困的项目都没有看到贫困问题的本质，扶贫工作停留在资金救助的层面是不够的，改变贫困最重要的是"注入资本"，而"资本"的意义

---

① 安·邓纳姆，美国人，杰出的人类学家，美国总统奥巴马的母亲。她在印度尼西亚的一个村庄进行了长达十四年的田野调查，观察与分析了当地手工业发展的阻滞以及当地贫困的原因。1992 年，她取得了夏威夷大学的人类学博士学位，根据田野调查撰写了长达 1000 页的博士论文，最后由杜克大学出版，名为《逆境求生：印尼的乡村工业》。

不单单是金钱方面，还包括政治、社会的各方面，比如创造更公平的生活机会、减轻社会分配的不平等、重视贫困人群的精神"贫困"，等等。

在惠民接触的返乡工伤者群体中，像阿平这样的家庭还有很多，他们长时间地与贫穷做斗争，依靠的是生存的本能。改变他们的贫困状态，每个月两三百元钱的低保或者救济金就足够了吗？社会福利保障只是他们生存的最后一根稻草，有此仅够活下去而已，他们日复一日地在这种状态下煎熬着，天天担心如果失去低保该怎么办。他们似乎找不到解决的方案。惠民成立五年，在后面两年的时间里，它将"返乡工伤者的生计发展"摆在了机构工作的重中之重。在设计这个项目之初，王发明虽然还没有想到切实可行的方法，但是他的内心十分认可一个观点：生计发展与支持不是简单的给钱，救急不救穷。通过两年的摸索与实践，惠民慢慢地探索出了一条自助互助的精准扶贫道路，其模式与邓纳姆所提倡的"资本输入"颇有些相似之处。"惠民模式"虽然还不成熟，却可以作为一个典型的民间实验样本供社会参考。

自信与希望——精神资本的输入

甘肃杨改兰事件是一个由贫穷引发的悲剧，在这个悲剧里，我们看到比贫穷更可怕的事情是对生活丧失希望与勇气以及作为个体主体的彻底迷失，她找不到自己生存下去的意义，于是她选择结束自己的生命，并且一厢情愿地将子女一同带离这个她认为毫无希望的生存状态。当然这里面具有作为一个个案的特殊性，但是我们不能忽略它所折射的、由多种社会原因导致的精神贫穷及其巨大的伤害。

返乡工伤者及其家庭在他们受伤之后的很长一段时间里，都面临精神世界崩塌的危机。他们一方面要应对丧失经济收入所导致的家庭贫困，另一方面还要遭受由工伤 / 残疾带来的来自社会文化、就业市场、家族关系等多方面的生存压力。当一个人完全否定自己，对未来丧失信心时，再多的社会支持都无法从根本上解决他的贫穷问题。惠民通过几年的走访调查，结合员工自身的经历，将建立返乡工伤者互助自助的网络确定为机构成立之初的重点工作，因为他们明白只有帮助工伤者建立起对自己和未来生活的信心，才能够一步步走出困境。探访、小组座谈、家庭聚餐、外出参观等工作都是惠民注入"精神资本"的过程，他们通过讲述自己的工伤故事走近工伤者的内心，鼓励他们正视残疾的事实，重建对自我的认同，加入互助网络。从目前的案例来看，惠民的这一工作算是卓有成效。

小额生产支持资金——物质资本的输入

从 2015 年 4 月至今，惠民已经先后四次向十几名有劳动能力的返乡工伤者提供了小额、定向的生产资金支持，专门用于购买种子、肥料、饲料、生产工具等必需的劳动生产资料。虽然支持金额并不是很大，但是对于粮食作物的种植而言，基本已经足够一季的支出。

返乡工伤者虽然身体残疾，但是其中一部分人仍然具有较强的生产劳作能力，甚至不逊色于健康的正常人。不过，由于生产资金的缺乏，以及相关社会支持的缺位，他们的生活大多处于糊口的状态，没有多余的资金扩大劳动生产的规模。惠民的这一生计支持项目一方面为这部分返乡工伤者提供了物质支持，使得他们具有经济资本能够从事多元化的生产劳作，或者开展自己感兴趣却没有能力进行的生产项目，比如阿虎对花草药物种植感兴趣，那么惠民支持的这一笔小额资金能够鼓励、支持他向梦想迈出第一步。物质资本的输入除了能够从实质上支持他们的劳动和生活，也是惠民对返乡工伤者个体能力的信任和鼓励，这对工伤者来说是极为重要的精神力量。

王发明反复强调，"惠民的生计支持项目并不是救助活动，而是基于对工伤者劳动能力的信任，弥补社会支持缺位的一种平等的'投资'"。在生计支持过程中，惠民与得到支持的返乡工伤者之间始终是一种合伙人的关系，惠民出钱、出技术信息，工伤者出力、出时间，获得收成后，工伤者不但需要与机构成员分享自己的劳动经验，同时还要拿出一部分资金用来支持其他的返乡工伤者，这就是惠民投资的回报，也是其区别于福利救助的核心所在。惠民认为，生计支持并非由上而下的慈善救助，而是对应有而未有的社会支持的弥补。这样一种类似于投资的生计支持行为，赋予了返乡工伤者作为劳动者的主体地位和尊严。

种植、养殖技术——信息资本的输入

信息资本的输入是惠民模式不可忽视的一个要素，当惠民为有劳动能力的返乡工伤者输入精神资本和物质资本之后，它并没有退场，而是一直以合作者的身份参与返乡工伤者的生产劳作项目中，为他们提供技术、信息支持。

由于返乡工伤者久居大山深处，难以便捷地接受外界新的农业种植／养殖信息和技术手段，使得某些生产劳动只能依靠祖辈的经验和邻居的口头传授进行。惠民意识到这种信息鸿沟的存在，所以积极与当地的农机站接触、合作，适时地将科学的劳作方法传递给工伤者，或者请当地经验丰富的种植户或养殖户进行现场指导。信息资本是一种无形的资本，它能够提高返乡工伤者的生产效率，避免其因技术落后、生产方法不当而产生亏损或成本增加。

另外，频繁地与外界进行信息的沟通与交流，在一定程度上能够帮助返乡工伤者重新融入新的社会环境，树立一个可以实现的生产生活目标，恢复劳动者应有的自信和认同感。这也是惠民一直以来努力的目标——通过劳动增强信心。

贫困群体内部的互助自助扶贫模式是否可以推行？

精准扶贫是相对于过去的粗放扶贫而言的，它是针对不同贫困区域、不同贫困农户状况实施不同扶贫政策的一种治贫方式。过去的粗放扶贫方式遵循"谁贫困就扶持谁"的思路，国家政府在面对庞大的贫困人口时往往显得有些力不从心。

惠民模式采用"草根群体内部互助自助"的合作帮扶形式致力于改善返乡工伤者的贫困状态，它根据返乡工伤者的身体、心理特点，致贫的原因，向他们输入精神资本、物质资本和信息资本，陪伴返乡工伤者踏出改变贫困现状的第一步。这样的民间互助自助模式恰如其分地切合了国家精准扶贫的精髓，做到了因地制宜、因人而异，而且将扶贫的意义扩展到更高层次的"共同发展"境界。因此，这种来自贫困群体内部的互助自助扶贫模式具有很强的现实参照性，为国家推行精准扶贫政策提供了一个很好的基层执行的范例。那么，它是否可以作为一个民间主体参与社会治理创新呢？惠民模式是否可以作为精准扶贫的一种样本进行推广呢？我想这是值得讨论的。

首先，惠民模式体现了精准扶贫的"因人而异"，它是在对返乡工伤者这一贫困群体做了大量的调查和了解之后，设计出生计发展与支持项目。它不认同"扶贫即给钱"的传统思路，而是从心理重建入手，相继为有劳动能力的返乡工伤者输入精神资本、定向的物质资本和具有合作性质的信息资本。这样的治贫方式不仅仅能够使工伤者真切地感受到生活一点点改善的喜悦，更重要的是令他们成为积极、改变贫困的劳动主体，他们不是"被施舍者"，而是与惠民一起共同掌握命运的人。坦白地讲，政府主导的扶贫模式难以做到这一点，而这又是十分重要的一点。

其次，惠民的"自己人帮自己人"的模式具有较好的可操作性。精准扶贫对于政府相关部门来说，是一个涉及面较广、相对复杂的问题。因为个体情况千差万别，政府工作人员不可能对每一个贫困个体都有所了解，要想做到真正意义上的精准扶贫难度较大。惠民作为一个民间草根机构，它本身就是从返乡工伤者这一群体中衍生、发展出来的，具有很好的群众基础，能够尽可能多地接触到这一群体，深入他们的生活，影响他们，改变他们。这种群体内部互助自助的治贫方式为精准扶贫的开展提供了较为理想的条件。如果能够将这种模式推广开来，让更多的"惠民"为本群体的贫困成员服务，跟他们一起讨论贫困的原因以及治贫的方法，并且有效地执行下去，再结合国家的精准扶贫政策，一方面可以实实在在地令贫困群体受惠，另一方面也能协助相关政府部门更加高效地实现精准扶贫的目标。

最后，惠民模式响应了"让更多社会力量参与精准扶贫"的国家号召。贫困是一个世界性的社会问题，它需要集社会各界的力量一起去面对，并不是哪一个人或哪一个部门的事情。因此，中央一再地强调扶贫事业需要全社会的关注与支持。惠民作为一个民间草根组织，多年的实践经验使得

图 22　惠民向工伤工友介绍国家支持残疾人发展的政策
摄影：惠民互助服务中心

它一步步地深入社会治理创新的过程中，成为参与社会治理创新的一个主体，其不仅关注返乡工伤者的个体生活际遇，而且代表这一群体向社会发声，推动社会群体之间的对话与理解，促进社会公平正义的发展。惠民是一股多元的参与力量，它既凝聚了来自群体内部的原生动力，又借助了像乐施会这样致力于改善贫困问题的专业性团队的知识与视野，这样的社会民间团体实际上可以助政府部门一臂之力。

坦白地讲，像惠民这样植根于农村多年，长期与处于贫困状态的返乡工伤者群体打成一片，倾听他们心声，疏导他们情绪，陪伴他们一同进步、发展的民间团体并不多。为什么惠民能够坚持至今？员工依靠的并不是每个月两三千元钱的工资，也不是所谓"做好事"的名声，而是出身于群体内部的机构成员对同伴的深深理解。正是本着这种同理心，惠民从家庭探访、网络组建、工伤宣传一步一步地发展到组织返乡工伤者在社会上发声，影响社会认知，进而参与社会变革之中。一个小小的民间草根机构竭尽全力地为返乡工伤者群体尽绵薄之力，力量可能微小，却能够深入群体内部每一个返乡工伤者的内心，也正是无数的这种绵薄之力集合起来推动着社会的进步与发展。

我们回到刚刚提出的问题，惠民这种互助自助的模式是否可以作为精准扶贫的样本进行推广呢？我想，答案已经在你的心里。

花　絮

任何一段相遇都会在我们的生命中留下印记，无论好坏，它都是值得珍惜留念的。

初见之回忆

　　人生有很多初见，因为它意味着一段情感的开始。想必在这些返乡工伤者的生命旅程中，一定会记得他们与惠民的初见，这段记忆也将陪伴着他度过未来的日日夜夜。当他们在夜深人静回忆自己的一生时，会感叹自己在与工伤残疾命运苦苦抗争时，有一个叫作惠民的机构，里面有王哥（王发明）和任姐曾给予过他一个真诚的微笑，他们都有一双值得信赖的手，一颗滚烫的心。

阿虎：王哥、任姐是好人

　　在我的心目中，王哥、任姐就是好人，我不知道其他人心里怎么认为，我觉得他们就是好人。你想那会儿，王哥就背一个包包，

图 23　工伤工友阿虎

走到我家里来，问我的情况，那时候没有坐车哦，完全是走路。他那么远走到你家来关心你，问候你，就算没有给你什么资助，但是一句问候，我就觉得他是好人。你想，你的实亲实戚那些都没有问过你一句，人家一个不认识的人，走那么远来看你，毛主席说，喝水不忘挖井人，惠民一不是你的什么亲戚，二人家又不图你什么东西，每次开车冒着风险来看你，摸方向盘子在这些路上开车是要冒风险的，人家冒着这样的风险来看你，一次两次，三次四次，你说人好不好？所以说，人家对我好，我就对人家好，我就尊重他们。

阿凯：欠王哥的钱我都还没还

图 24　工伤工友阿凯

第一次来我家探访的是惠民的阿贵（已离职多年），当时一个小姑娘骑着个自行车就来了，说知道我受工伤了，来看我，还给我拿了一些宣传单和与工伤相关的小册子。我当时是第一次接触这种公益组织，但是我以前有在电视上看到过他们这种，就是帮助社会上那些弱势的人，老人啊，小孩儿，打工的呀。我就觉得人家一个小姑娘走这么难走的路来看我，我心里很感激。后来，我一到镇上就会去惠民那儿，我看着发明他们做这些事情，真的是真心实意。不是说他们要给我们发钱啊什么的，他们又不是政府扶贫部门，他们也没有多少钱，但是他们老想着我们，经常打电话问我们，我觉得这就是一种关心。我呢，一有什么事我也喜欢去找他们说，像我做生意失败的事情，我跟发明也说过很多，就是很信任他们。我困难的时候，惠民也会尽力帮我，这不我借发明的钱现在都还没还呢。

阿坤：他们是好人

我这个人不会说话，我就是觉得他们都是好人，专程来家里看我，我这个屋头也没有什么东西招呼他们。有活动任姐就会打电话告诉我，我只要有空，就一定会去。

图 25　工伤工友阿坤

阿培：惠民提供了一个交流空间

认识惠民是很偶然的机会，因为我常到一家卖种子的店里买东西，就认识了一位返乡工伤者，他介绍我有空的时候可以去惠民看看。我这个人比较好奇，什么都想去接触一下，所以我就去他的办公室参加他们的活动。本来我们就是受了伤的人，说句

图 26　工伤工友阿培

不好听的，在外面人家根本就不屑理我们，但是在惠民听大家一起交流讨论，我觉得能够学到很多，人就要多交流沟通。后来，他们就到我家来探访，我就领着他们看我的羊圈，我的羊子，他们看我一只手切草太慢太辛苦，就资助了我一台铡草机，我想要一台铡草机太久了，所以要感谢惠民。

阿兰：和他们说说话，可以忘记伤痛

图 27　工伤工友阿兰

王哥和任姐他们第一次来我家走以后，旁边的邻居就在问我，问他们给了我多少钱，我说人家能来看你已经不错了，还什么钱不钱的。这是实话，我受伤以后回家，就很少出去耍，也不愿意跟人说话，怕别人看不起，的确也有人是看不起。他们第一次来我心里也是不放心的，有些话我还不敢如实告诉他们，他们说他们是惠民的，我也不知道惠民是干什么的，但是后来他们把手拿出来给我看，原来他们也是在外面打工受伤的，我们是一样的。后来他们常来找我聊天，我觉得这样聊聊天挺好的，既能打发时间，而且聊天的时候会忘记伤口的疼痛。我女儿也常去他们的图书室借书来看，回来跟我说："妈妈，他们那里好多书呀。"

阿云：任姐叫我把手拿出来

我认识王哥和任姐他们好久了，当时我受伤了回来在家，这个新房子已经建好了。王哥和任姐走到我家院子前，问我是不是受了工伤，一开始我不知道他们是干什么的，他们问我是怎么受伤的，我就跟他们聊天，我觉得他们看上去不像坏人。我一点都没有顾忌，他们问我什么，我就怎么说，我觉得他们也是关心我们受了工伤的，而且任姐还把她的手给我看，叫我不要把手揣在包包头，拿出来，没有什么见不得人的。后来，他们就常来家里看我，每次来都给我的孩子买吃的，我家两个孩子看见任姐就"阿姨阿姨"地喊，高兴得很。

图 28　工伤工友阿云

小施：王哥比我的亲哥哥还要亲

我和王哥是在 QQ 上认识的，我爸爸赶场拿回一家惠民的宣传单，我好奇就加了他的 QQ，本来是想找个人跟我聊天，因为受伤回家后几乎没有什么人和我说

图 29　工伤工友小施

话。我在 QQ 上跟他说我受伤的情况，现在的困惑，不知道做点什么好，王哥就给我出主意。我只要在 QQ 上一跟他说话，他马上就会回我，我以前的那些朋友都很久不回我。一开始我不敢去惠民找他，后来我妈妈带着我过去，见到王哥就放心了。王哥介绍我销售灯具，学习机械修理，学习如何经营生意，等等，还帮我分析很多事情，我自己的哥哥都没有对我这么好，王哥比我的亲哥哥还要亲。如果没有王哥介绍我去超市上班，我不会像现在这样这么开心，觉得生活又重新有希望了。

王师傅：惠民给我力量

图 30　王师傅

我是在当地磨料厂上班的工人，前两年查出来有尘肺病，我们厂里很多工人都有这个病。有的工人就跟工厂私了，赔了个几万块钱就算了，但是我知道尘肺病这个病的厉害，而且我们应得的赔偿远不只这点，所以我一直不接受私了，很多工人觉得我这个人太倔，老板也怕见到我，但是我觉得我做的是对的。有一天我从下面上来，看到惠民的宣传板，尘肺病也是工伤，我就进来了，就这样参加惠民的活动。通过和他们聊天，我知道很多尘肺病的案例和处理方法，他们支持鼓励我合法合理地维护自己的权益，不要随便为了眼前一点利益就放弃维权。我知道我进对了地方，惠民给了我很大的力量，我要让我的同事们都来惠民了解了解尘肺病这种工伤情况。

在五年的成长过程中，惠民离不开一些良师益友，他们在惠民失意的时候给予鼓励，在惠民骄躁的时候告诫其冷静。就是在这些外在力量的支持下，惠民才能从一个跌跌撞撞的小婴儿成长为成熟、稳重的壮小伙。

李老师：惠民从事公益难得

我第一次认识发明，是他来我的店里做横幅、宣传页这些，我这才知道惠民是一个公益机构，它专门为那些返了乡的受工伤的人服务。我个人平时也很关注公益，用自己微薄之力帮助别人这是一种大善，我很佩服惠民他们能够坚持做公益这么多年。所以

图 31　李老师

每次他来我的店里做东西，我都会给他折扣，这也是我做公益的一种方式。他们平时在街上做宣传，我也会去帮忙，帮忙介绍惠民。我知道他们在做助学，所以我也帮他们联系学校，联系贫困的学生。我还知道他们有做二手衣物，所以我也帮着号召学校的老师把他们不穿了的、干净的衣物捐给惠民。我觉得他们自己都是受了工伤的人，还能想到要去帮助别人，非常难得，这是一件非常有社会意义的事情，我也很

愿意去帮他们做宣传。他们五周年的时候，我专门为他们题了一幅字：惠民五载风雨路扬帆一路人间情。

民政局涂主任：惠民分担了职能部门的一些工作

图 32　涂主任

惠民这几年的工作做得很好，我们民政部门都是十分认可的。他们作为一个民间公益组织，专门为返乡工伤者和残疾人服务，关心他们的生活，还提供一些生计方面的支持，非常有社会价值。我们民政部门作为职能部门，着重在于政策的制定与宏观的把握，不可能一个一个地去做工作，惠民做了这么多年，他们有很好的民众基础，开展起工作来也比较有利，所以他们分担了职能部门的一些工作。惠民是在民政局登记注册的合法机构，我们希望他们能够在符合法律法规的基础上，在政策范围内，更好地发挥他们的公益才干，为社会服务。

五年的时间并不短，它足以令一个人在其间尝尽人间各种滋味。返乡工伤者品尽了由工伤带来的各种苦，而惠民为他们酿造了一丝丝甜。这五年的光阴记录了惠民与返乡工伤者的初见、陪伴与成长，见证了他们从陌生到熟悉和亲密，有欢笑也有泪水，有误解也有释然。可是不管怎样，这是属于他们的一段记忆，嵌入他们各自的人生长河。当他们在某一时刻想起对方时，能够在心底说一句："谢谢你，曾经来过。"

后　记

　　在听到自己写的这些文字要出版时，心里欣喜万分，因为我终于有机会实现对工伤朋友们的承诺：让更多的人知道他们的故事。在近一年的返乡工伤者田野调查过程中，我结识了三十多位工伤朋友及他们的家属，他们一次又一次，毫无保留地向我讲述人生中那段刻骨铭心的经历，甚至于将内心近乎愈合的伤疤重新揭开示于我面前。我很感谢他们对我的信任，但也正是这种信任常令我不安，因为我不知道我能够为他们做些什么。面对他们所经历过的，或者正在经历的痛苦，我似乎无能为力。我答应他们让更多的人听到他们的声音，很幸运有这样的机会，让我兑现承诺，这或许也是我唯一能够为他们做到的事。

　　第一次在惠民见到王哥，正好是在两年之前。当时我坐在王哥家的电炉前，向他介绍我想研究的课题，征求他的建议和应允，坦白讲那个时候我是很忐忑的，因为我不知道王哥是否会认同我这个不速之客的想法，同意我在惠民的田野调查计划。很感谢王哥最后认可了我的研究，他带着我一个一个地去见这些返乡工伤者，帮我牵线搭桥，增加返乡工伤者们对我的接纳与信任。还记得第一次坐王哥开的二手五菱去返乡工伤者家庭探访的时候，我特别紧张，坦白说我很担心他的车技，我坐在副驾驶位置上，不时地提醒他："慢点！慢点！"王哥哈哈一笑："放心，保你安全！"谢谢王哥在我第一次田野调查中给予我这么多的照顾与支持，让我在异乡感受到家的温暖，内心觉得无比踏实。

第二个要感谢的是任姐，她真的就是一个大姐姐，无微不至地照顾我的饮食起居。我刚到惠民的时候，对镇上的情况不是很熟悉，是她带着我逛超市购买生活用品、告诉我哪一家早餐好吃、给我介绍周围邻居的情况……还记得我们晚上卧聊到半夜两三点，天南地北什么话题都聊，她教我如何处理与家庭成员的关系、如何经营婚姻与亲子关系，丰富的社会阅历使得任姐对人对事都十分老到，她的生活经验于我们年轻人来说真的是一笔很大的财富。我最喜欢吃任姐做的火锅，里面放一点剁椒，鲜香可口，几个人围坐在火锅旁边吃边聊八卦，真是其乐无穷。回到北京以后，便再难吃到这样的美味。

还要感谢我在田野调查中认识的工伤朋友们，谢谢他们信任我，不吝把他们的内心世界展露给我，让我记录下他们的痛苦与欢笑、绝望与希望。每次到他们的家去做访谈，他们都拿出家里最好的食物招待我，还总是说谢谢我愿意来听他们讲故事，但是他们不知道真正应该说谢谢的是我。正是在他们的故事中，我感受到了身体的脆弱、世道的无常、生命的坚韧与人性的温暖。这些故事教会我一个道理：人在一生当中会遇到各种各样的问题，千万记住要尽自己所能体面地活着，让自己的生命绽放独特的光辉，照亮自己，也照亮别人。

最后，要感谢乐施会的刘源博士、贾丽杰两个伙伴对我的信任，以及在本书撰写过程中给予我的帮助、理解和支持。正是乐施会长期以来对农村残疾人群体的关注直接催生了这些文字。五年来，这个团队跟惠民一起经历了机构初创时的跌跌撞撞、四面危机时的惶恐不安、渐入佳境时的踌躇满志，他们始终站在一起，没有放弃。他们尝试探索农村残疾人群体"自己人帮助自己人"的自助互助道路，坚持"发展残疾人个体的独立人格，促进社会公平正义"的公益理念，可以说惠民的故事里凝聚了他们对这个群体、这片大山和这个社会的赤子之心。谢谢刘源博士和她的团队，是他们让我体悟到研究的意义与价值远非学术发表这一种，更重要的在于它打动人心、影响社会的力量。在他们的身上，我看到了一种温暖又坚定的力量，希望这种力量能够借由这些文字传递给每一个人。

张灵敏

2017 年 4 月 2 日于广州

图书在版编目(CIP)数据

陪伴与成长：返乡工伤者的发展之路 / 张灵敏编著
. -- 北京：社会科学文献出版社，2017.5
（社会工作研究文库）
ISBN 978-7-5201-0435-7

Ⅰ.①陪… Ⅱ.①张… Ⅲ.①民工－工伤－社会问题
－研究－中国 Ⅳ.①D669.2

中国版本图书馆CIP数据核字（2017）第043293号

·社会工作研究文库·

陪伴与成长：返乡工伤者的发展之路

编 著 / 张灵敏

出 版 人 / 谢寿光
项目统筹 / 任晓霞
责任编辑 / 任晓霞

出 版 / 社会科学文献出版社·社会学编辑部（010）59367159
地址：北京市北三环中路甲29号院华龙大厦 邮编：100029
网址：www.ssap.com.cn
发 行 / 市场营销中心（010）59367081 59367018
印 装 / 三河市尚艺印装有限公司

规 格 / 开 本：787mm×1092mm 1/16
印 张：11.75 字 数：124千字
版 次 / 2017年5月第1版 2017年5月第1次印刷
书 号 / ISBN 978-7-5201-0435-7
定 价 / 49.00元